まえがき

禅僧・沢庵宗彭の生涯

沢庵宗彭《たくあんそうほう》は、天正《てんしょう》元年（元亀《げんき》四年、一五七三年）に但馬国出石《たじまのくにいずし》（現在の兵庫県豊岡市出石町）で生まれ、正保《しょうほう》二年（一六四五年）に江戸で亡くなりました。時は室町時代から安土桃山時代、そして江戸時代へと至る激動の頃です。沢庵が生まれたまさにその年に、織田信長が足利義昭を京都から追放したことで室町幕府が終わりました。その後、天正一〇年（一五八二年）に本能寺の変で信長が自害して果てると、天正一八年（一五九〇年）に豊臣秀吉が天下統一を果たしました。慶長《けいちょう》三年（一五九八年）に秀吉が没した後、慶長五年（一六〇〇年）には関ヶ原の戦いが起こり、慶長八年（一六〇三年）に徳川家康が征夷大将軍に任ぜられ、江戸時代が始まりました。

◆

但馬国の大名・山名祐豊《やまなすけとよ》の家臣であった秋葉綱典《あきばつなのり》の次男として生まれた沢庵は、十歳（天正一〇年、一五八二年）になると出石の浄土宗・唱念寺《しょうねんじ》で出家し、春翁と称しました。十四歳（天正一四年、一五八六年）で同じ出石にある臨済宗・宗鏡寺《すきょうじ》に入り、希先《きせん》西堂《さいどう》の弟子となりました。このときに名を秀喜と改めました。十九歳（天正一九年、一五九一年）のときに希先が亡くなると、京都の大徳寺《だいとくじ》から住持《じゅうじ》・春屋宗園《しゅんおくそうえん》の弟子である薫甫宗忠《とうほそうちゅう》が宗鏡寺の住職として迎えられ、沢庵は薫甫に師事

図1　沢庵ゆかりの地

しました。

二十二歳（文禄三年、一五九四年）のとき、薫甫が大徳寺住持となったため、沢庵もこれに従い大徳寺に入りました。ここで春屋宗園に師事して、「宗彭」と改名しました。慶長六年（一六〇一年）、二十九歳のときに薫甫が亡くなると、京都を離れて和泉国堺《いずみのくにさかい》（現在の大阪府堺市）に赴き、大安寺で文西洞仁《ぶんせいどうじん》から儒学や詩文を学びました。慶長八年（一六〇三年）に文西が没した後、同じ堺の南宗寺陽春庵《なんしゅうじようしゅんあん》に住む一凍紹滴《いっとうじょうてき》に師事し、三十二歳となった慶長九年（一六〇四年）に印可《いんか》を受け、「沢庵」の号を授かりました。

◆

慶長一二年（一六〇七年）には南宗寺住職に、翌々年の慶長一四年（一六〇九年）には後陽成《ごようぜい》天皇の勅《ちょく》を受けて大徳寺住持となりました。このとき三十七歳です。しかし、世俗から離れたい沢庵は三日で住持を辞して、堺の南宗寺に戻ります。さらに元和《げんな》六年（一六二〇年）には故郷の出石に戻り、宗鏡寺の裏に草庵を結んで投淵軒《とうえんけん》と名づけ、八年間ここで閑居しました。

◆

事件が起きたのは、寛永《かんえい》四年（一六二七年）です。いわゆる「紫衣《しえ》事件」と言われる幕府と朝廷の対立に、沢庵も巻き込まれました。紫衣とは高僧が身に付ける紫色の法衣や袈裟のことですが、古来、朝廷がこれを授けてきました。しかし、江戸幕府は寺院・僧侶・朝廷を統制するために、将軍・徳川家康が慶長二〇年（元和元年、一六一五年）に禁中《きんちゅう》並《ならびに》公家諸法度《くげしょはっと》を出し、朝廷が自由に紫衣を授けることを禁じました。これに対して、後水尾《ごみずのお》天皇は幕府の許可を得ずに紫衣を授ける勅許を与えたところ、幕府（三代将軍・徳川家光）は寛永四年、法度に違反したとして勅許を無効としました。朝廷はこれに強く反発しましたが、このときに沢庵は朝廷に同調したことで、寛永六年（一六二九年）、出羽国《でわのくに》上山《かみのやま》（現在の山形県上山市）に流罪となりまし

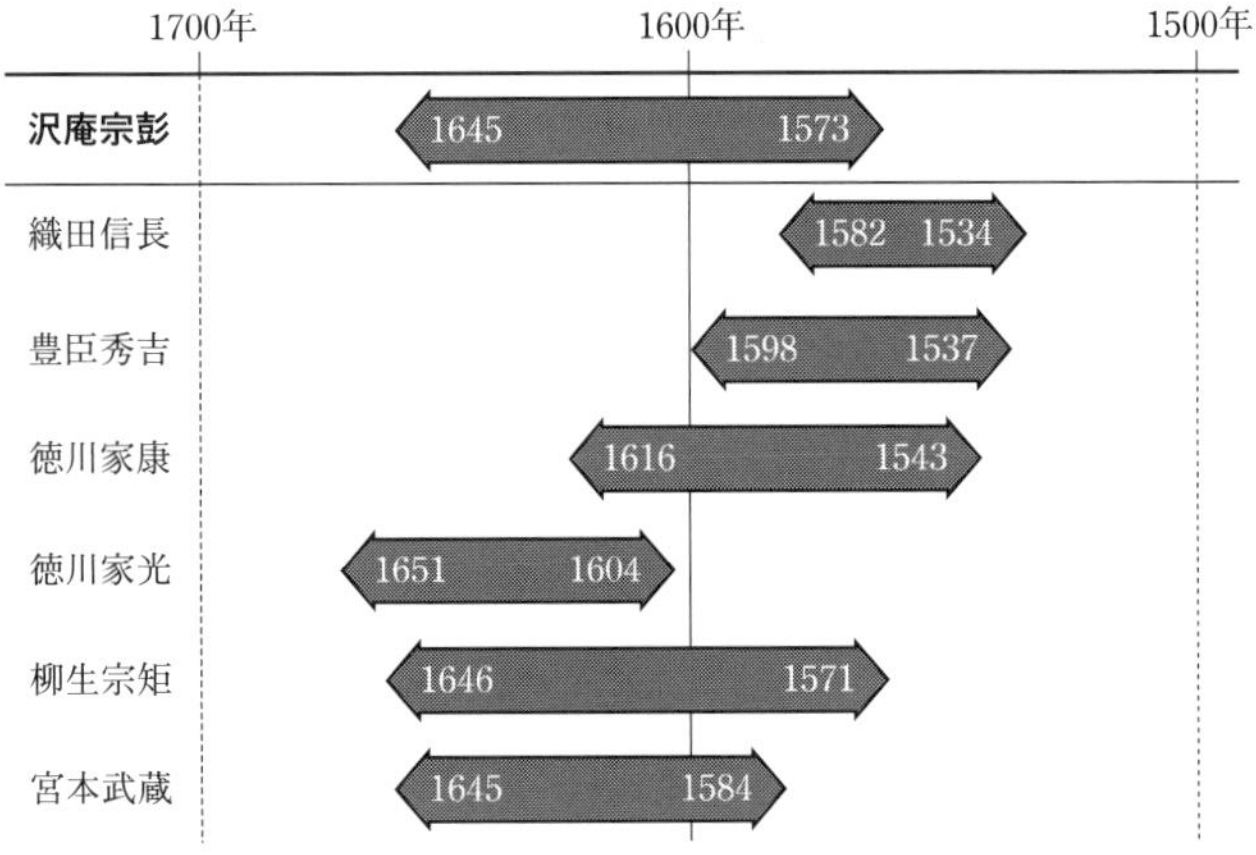

図２　主要人物生没年

た。沢庵、五十七歳のときです。

◆

寛永九年（一六三二年）に徳川秀忠の死による大赦が行われ、柳生但馬守宗矩《やぎゅうたじまのかみむねのり》らの力添えもあって、沢庵は放免されました。寛永一一年（一六三四年）、その柳生宗矩らは沢庵を、将軍・徳川家光の上洛の際に二条城で拝謁させました。ここから家光は沢庵に深く帰依するようになりました。その後、柳生宗矩や家光は、丁重に沢庵を江戸に迎えるべく、相応の寺院や地位を用意しようとしましたが、沢庵はすべて断り、柳生宗矩の別邸内に草庵を結び、これに検束庵《けんそくあん》と（皮肉な）名を付けて、江戸にいる間はここで寝起きしました。寛永一六年（一六三九年）には、家光によって創建された東海寺《とうかいじ》の住職として招聘され、柳生宗矩の説得もあり、最後は折れてこれを受諾しました。その後、正保二年（一六四五年）、沢庵は江戸で没しました。享年七十三歳でした（ここまでに記した和暦・西暦・年齢は、市川白弦訳『禅入門8　沢庵——不動智神妙録・太阿記・玲瓏集』（講談社）所収の「沢庵略年譜」、および、圓覚山宗鏡寺のウェブサイトに掲載の「沢庵和尚の略年譜」を参照しています）。

『不動智神妙録』について

激動の時代を生きた沢庵は生前、いくつかの著作を残しています。たとえば『明暗双双集』『理気差別論』『鎌倉巡礼記』『東海夜話』『太阿記《たいあき》』『玲瓏集《れいろうしゅう》』など多数ありますが、このなかでも特に有名なものが、本書で取り上げる『不動智神妙録《ふどうちしんみょうろく》』です。沢庵の代表作と言っても過言ではないでしょう。

この『不動智神妙録』は、先にも出てきた柳生但馬守宗矩《やぎゅうたじまのかみむねのり》に宛てた書です。柳生宗矩は徳川将軍家兵法指南役であり、その流派「柳生新陰流」は将軍家御流儀となっています。なお、柳生新陰流は、流祖・柳生宗厳《むねよし》の五男である柳生宗矩の江戸柳生（将軍家兵法指南役）と、宗厳の孫である柳生利厳《としよし》の尾張柳生（尾張徳川家兵法指南役）の二派に分かれています。江戸柳生は剣術流派として後に絶えましたが、尾張柳生は現代までその系譜が続いています（柳生新陰流兵法第二十二世宗家・柳生耕一平厳信）。

◆

『不動智神妙録』は、沢庵が宗矩に対して、剣術の理合を通して禅を説くという内容です。一般的にはしばしば、「剣禅一致《けんぜんいっち》」「剣禅一如《けんぜんいちにょ》」を説いていると言われます。ただ、本書を読んでいただければわかるとおり、「剣禅一致」「剣禅一如」を説くというよりは、あくまで宗矩の得意とする剣術を引き合いに出して、禅あるいは仏道を説くことが執筆の主眼です。最後には宗矩に対する苦言も添えています。武道側から見れば、宮本武蔵の『五輪書《ごりんのしょ》』と宗矩の『兵法家伝書《へいほうかでんしょ》』に並び、兵法書・武道伝書の三大古典の一つとして数えられますが、内容的には禅を説く仏教書です。

相手の得意分野を例にしてわかりやすく説くという手法はまさに、釈迦の「対機説法《たいきせっぽう》」（相手の能力・素質・性質に従って、それにふさわしい手段で説法すること）そのものです。また、特に禅宗は「不立文字《ふりゅうもんじ》」が原則ですから、言語（認知）的に伝えるよりも、体験（身体）的に伝えるほうが伝わりやすい、いやむしろ体験・実践しなければ本質は見えない、という立場です。その点、剣術（武術）という身体技法実践者の頂点に立つ宗矩にとって、沢庵の教えはわかりやすく、かつ、大いに身に沁みたことでしょう。

◆

こうして沢庵から宗矩に宛てられた『不動智神妙録』ですが、実は、沢庵本人が書いたとされる「原本」（実物）は存在しません。現代に伝えられているものはすべて「写本」です。『不動智神妙録』の写本の系統について研究した佐藤（二〇〇一）によれば、現在残っている写本の系統には、次の五つがあります。

①「宮内庁書陵部」所蔵本
②「東北大学附属図書館狩野文庫」所蔵本
③「国立公文書館内閣文庫」所蔵本
④「国立国会図書館」所蔵本
⑤「蓬左文庫」所蔵本

この五つは内容的に見て、ある部分では微妙な文言の過不足が見られたり、ある部分では段落そのものがあったりなかったりと、大小さまざまに異なる箇所が見受けられます。これら古写本を元にさまざまな活字本が作られていくわけですが、活字本はいずれも底本が何かの明記がないものがほとんどのなか、基本的には③「国立公文書館内閣文庫」所蔵本か、④「国会図書館」所蔵本のいずれかの系統であろうと、佐藤（二〇〇一）は述べています。

本書の節分けや現代語訳は、今でも入手可能な市川白弦訳『禅入門8　沢庵――不動智神妙録・太阿記・玲瓏集』（講談社）所収の『不動智神妙録』と、池田諭訳『沢庵――不動智神妙録』（たちばな出版）所収の『不動智神妙録』を参考にしています。この市川訳と池田訳は、いずれも昭和初期に刊行された『沢庵和尚全集』を底本としていると書かれています。そして、この『沢庵和尚全集』は、書名や内容から見て、③「国立公文書館内閣文庫」所蔵本かこれに基づく活字本であると考えられます。そこで本書も、③「国立公文書館内閣文庫」所蔵『澤庵和尚全集 五輯之二　不動智神妙録』を底本とすることにしました。

本書の構成

本書は、区切りのよいところで節分けをし、それぞれの節ごとに、「原文」「現代語訳」「解釈」の三部構成としています。

繰り返しになりますが、まず「原文」は、「国立公文書館内閣文庫」所蔵『澤庵和尚全集 五輯之二　不動智神妙録』を底本としました。漢字、仮名、句読点などはすべて底本に従い、いっさい改変を加えずにそのまま転載しました。また、読みやすさを重視して、漢字にはすべてルビを振りました。ルビは現代仮名遣いとし、池田訳『不動智神妙録』を参照しました。

次に「現代語訳」ですが、これは、市川訳『不動智神妙録』と池田訳『不動智神妙録』を参考にしつつ、原文のニュアンスをなるべく損なわないよう、多少言葉を補いながらも、できる限り逐語訳とすることを心がけ、著者が改めてすべて訳出しました。ですので、市川訳でも池田訳でもない、新しい現代語訳となっています。

この「原文」と「現代語訳」を受けて、最後に「解釈」として、著者の専門である身体心理学・感情心理学・東洋思想文化論の観点から、約五〇〇字程度の解釈を加えました。ここでは、「解説」ではなく、あえて「解釈」としました。なぜなら、「解説」とすると、文学や史学あるいは武道学などですでに定説となっていることを教科書的に説明しているものと誤解されるかもしれない、と懸念したためです。そうではなく、あくまで心理学者・武道家である著者自身が個人的な観点から読み取ったことを、半ば妄想的に拡大「解釈」して、いろいろと書き綴っているからです。ごく個人的に感得したことですので、読者諸氏の個々の観点からすれば、的を射ているものもあればそうでないものもあると思われます。ですので、この「解釈」部分は、あくまで一つの読み取り方として受け取っていただければ幸いです。

最後に、節分けについては、内容と分量ともにその区切りの良さから、池田訳『不動智神妙録』に従いました。その結果、節は全部で三十二となっています。この節それぞれについて、中心的な主張を一言で表現するタイトルを、著者が独自に付けました。これについても、著者個人の「解釈」が含まれていると思いますので、決して絶対的なものではありません。

著者自身、未熟な修行者として日々迷いながら生きるなかで、沢庵の言葉一つ一つを心の中で思い出しつつ、一歩一歩前進しています。本書が、ストレスフルな現代社会を生きる指針として、ほんのわずかでも読者諸氏の役に立てば、これ以上の喜びはありません。

それでは早速、これからご一緒に沢庵和尚に会いに出かけましょう。

引用文献

圓覚山宗鏡寺のウェブサイト［https://sukyoji.com/］（二〇一九年八月現在）

市川白弦（訳）（一九九四）『禅入門8　沢庵――不動智神妙録・太阿記・玲瓏集』講談社

池田諭（訳）（二〇一一）『沢庵――不動智神妙録』たちばな出版

佐藤錬太郎（二〇〇一）「沢庵宗彭『不動智神妙録』古写本三種・『太阿記』古写本一種」『北海道大学文学研究科紀要』一〇三、二四－一三九頁

目次

第一部　無明住地煩悩

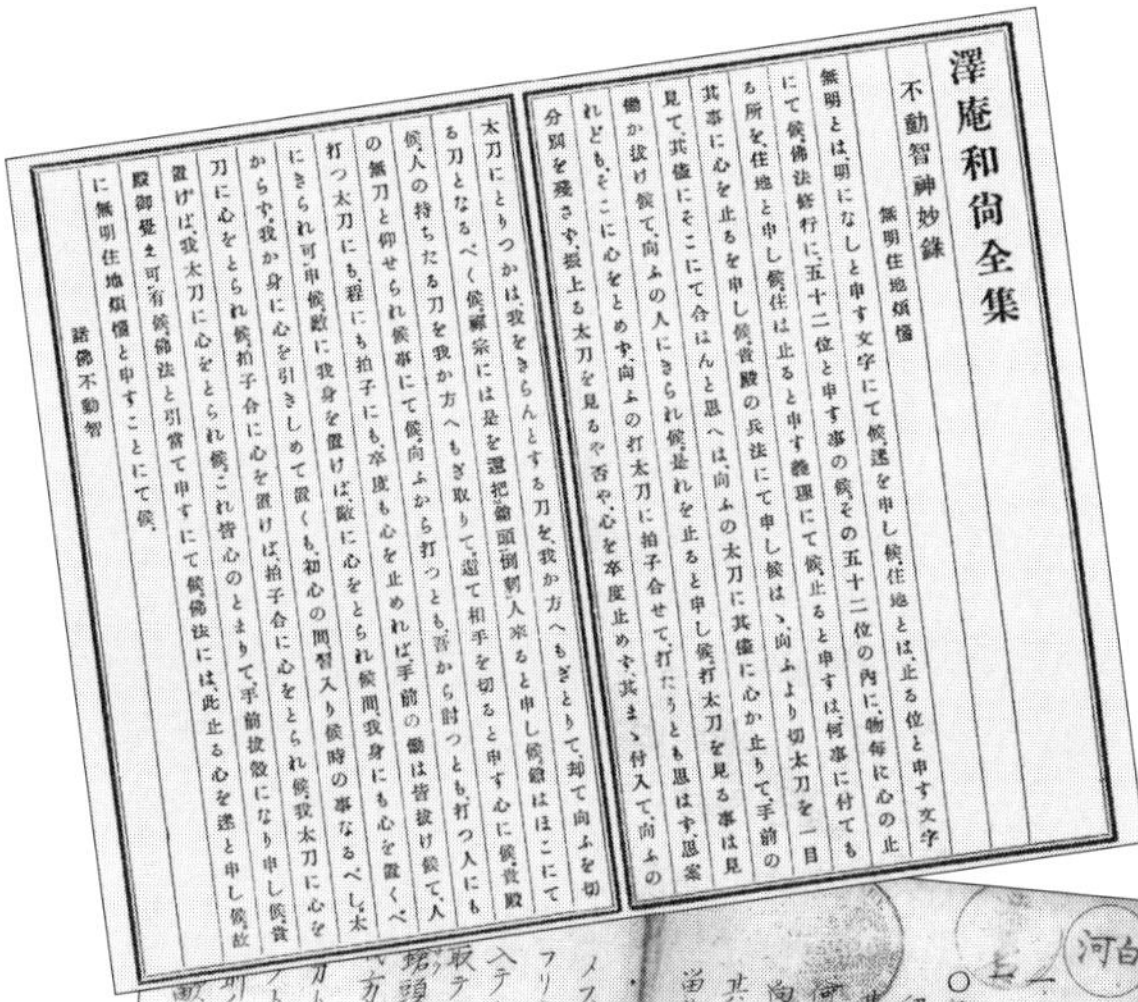

澤庵和尚全集

不動智神妙錄

無明住地煩惱

無明とは、明になしと申す文字にて候、迷を申し候、住地とは、止る位と申す文字にて候、佛法修行に、五十二位と申す事の候、その五十二位の内に、物毎に心の止る所を、住地と申し候、住は止ると申す義理にて候、止ると申すは、何事に付ても其事に心を止るを申し候、貴殿の兵法にて申し候はゞ、向ふより切太刀を一目見て、其儘にそこにて合はんと思へば、向ふの太刀に其儘に心か止りて、手前の働か拔け候て、向ふの人にきられ候、是れを止ると申し候、打太刀を見る事は見れども、そこに心をとめず、向ふの打太刀に拍子合せて、打たうとも思はず、思案分別を殘さず、振上る太刀を見るや否や、心を卒度止めず、其まゝ付入て、向ふの太刀にとりつかば、我をきらんとする刀を、我か方へもぎとりて、却て向ふを切る刀となるべく候、禪宗には是を還把鎗頭倒刺人來ると申し候、鎗はほこにて候、人の持ちたる刀を我か方へもぎ取りて、還て相手を切ると申す心に候、貴殿の無刀と仰せられ候事にて候、向ふから打つとも吾から討つとも、打つ人にも打つ太刀にも、程にも拍子にも、卒度も心を止めれば、手前の働は皆拔け候て、人にきられ可申候、敵に我身を置けば、敵に心をとられ候間、我身にも心を置くべからず、我か身に心を引きしめて置くも、初心の間、習入り候時の事なるべし、太刀に心をとられ候、拍子合に心を置けば、拍子合に心をとられ候、我太刀に心を置けば、我太刀に心をとられ候、これ皆心のとまりて、手前拔殻になり申し候、貴殿御覺え可有候、佛法と引當て申すにて候、佛法には、此止る心を迷と申し候、故に無明住地煩惱と申すことにて候、

諸佛不動智

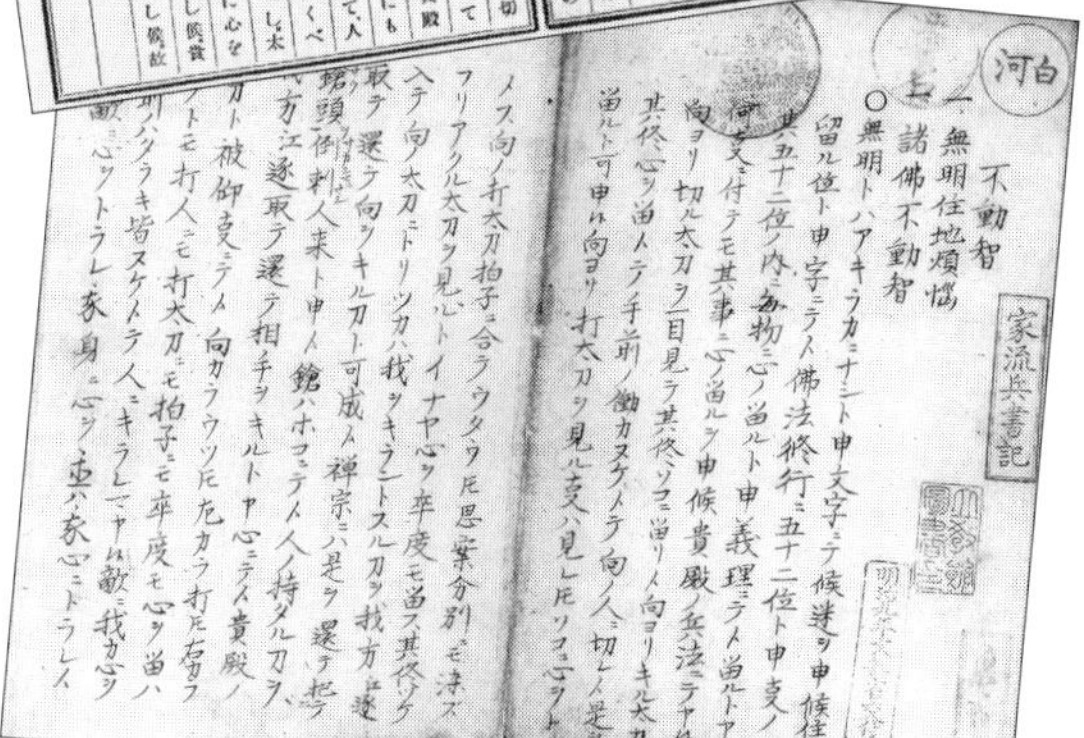

不動智

一、無明住地煩惱

諸佛不動智

写真上：国立公文書館内閣文庫所蔵　『不動智神妙録』
写真下：国会図書館所蔵『不動智』

一　敵の太刀に心をとらわれるな

【原文】

無明《むみょう》住地《じゅうち》煩悩《ぼんのう》

無明《むみょう》とは、明《あきらか》になしと申《もう》す文字《もじ》にて候《そうろう》。迷《まよい》を申《もう》し候《そうろう》。住地《じゅうち》とは、止《とどま》る位《くらい》と申《もう》す文字《もじ》にて候《そうろう》。佛法修行《ぶつぼうしゅぎょう》に、五十二位《ごじゅうにい》と申《もう》す事《こと》の候《そうろう》。その五十二位《ごじゅうにい》の内《うち》に、物毎《ものごと》に心《こころ》の止《とどま》る所《ところ》を、住地《じゅうち》と申《もう》し候《そうろう》。住《じゅう》は止《とどま》ると申《もう》す義理《ぎり》にて候《そうろう》。止《とどま》ると申《もう》すは、何事《なにごと》に付《つい》ても其事《そのこと》に心《こころ》を止《とどむ》るを申《もう》し候《そうろう》。貴殿《きでん》の兵法《へいほう》にて申《もう》し候《そうら》はゝ、向《むこ》ふより切太刀《きりだち》を一目《ひとめ》見《み》て、其儘《そのまま》にそこにて合《あ》はんと思《おも》へは、向《むこ》ふの太刀《たち》に其儘《そのまま》に心《こころ》か止《とどま》りて、手前《てまえ》の働《はたらき》か抜《ぬ》け候《そうらえ》て、向《むこ》ふの人《ひと》にきられ候《そうろう》。是《こ》れを止《とどま》ると申《もう》し候《そうろう》。打太刀《うちだち》を見《み》る事《こと》は見《み》れども、そこに心《こころ》をとめず、向《むこ》ふの打太刀《うちだち》に拍子《ひょうし》合《あわ》せて、打《う》たうとも思《おも》はず、思案分別《しあんふんべつ》を残《のこ》さず、振上《ふりあぐ》る太刀《たち》を見《み》るや否《いな》や、心《こころ》を卒度《そつと》止《とど》めず、其《その》まゝ付入《つけいり》て、向《むこ》ふの太刀《たち》にとりつかは、我《われ》をきらんとする刀《かたな》を、我《わ》か方《かた》へもぎとりて、却《かえっ》て向《むこ》ふを切《き》る刀《かたな》となるべく候《そうろう》。

【現代語訳】

無明とは、明らかでないという意味の言葉です。迷いということです。住地とは、止まるところという意味の言葉です。仏法の修行には、五十二位というものがあります。その五十二位のなかに、何ものにも心が止まることというのがあり、それを住地と言っています。住とは止まるという意味です。止まるというのは、何事においてもそのことに心を止めることを意味しています。貴殿の兵法に沿って言えば、向こうから切ってくる太刀を一目見て、そのままそこに合わせようと思えば、向こうの太刀にそのまま心が止まって、自分のほうの働きが抜け落ちてしまい、向こうの人に切られてしまいます。これを止まると言っています。打ってくる太刀を見ることは見ますが、そこに心を止めないで、向こうが打ってくる太刀に拍子を合わせて、自分から打とうと思わず、あれこれ考えず、振り上がる太刀を見るやいなや、心を少しも止めることなくそのまま懐に入って、向こうの太刀に取り付けば、自分を切ろうとする刀をもぎ取って、逆に向こうを切る刀となるでしょう。

【解釈】

「今、この瞬間の体験に意図的に意識を向け、評価をせずに、とらわれのない状態で、ただ観ること」をマインドフルネスと言います（日本マインドフルネス学会の定義）。気づいた状態でありながら、すべてのこだわりを手放し、価値判断をせず、無為自然に（云為《うんい》に）在《あ》ることを指します。何か一つのこだわりにとらわれれば、我々はそれに巻き込まれ、振り回されます。そうして駆け回る心は、過去へ未来へとさまよいます。これがしばしば、ストレスの源泉になっています。臨済宗の禅僧沢庵は、敵と対峙《たいじ》したとき、相手の太刀（剣）に心を止めるなと説きます。もちろん、切ってくる太刀を見るには見るけれども、その一点にだけこだわっていては十分に動けません。だから、相手の太刀にこだわらず、評価や判断といった分別をせず、ただ自然に応じよと言います。沢庵の説く剣の奥義とは、まさにマインドフルに在ることであり、仏教的在り方、禅的在り方の核心です。そしてそれは、現代的に見れば、ストレスを低減する奥義でもあります。

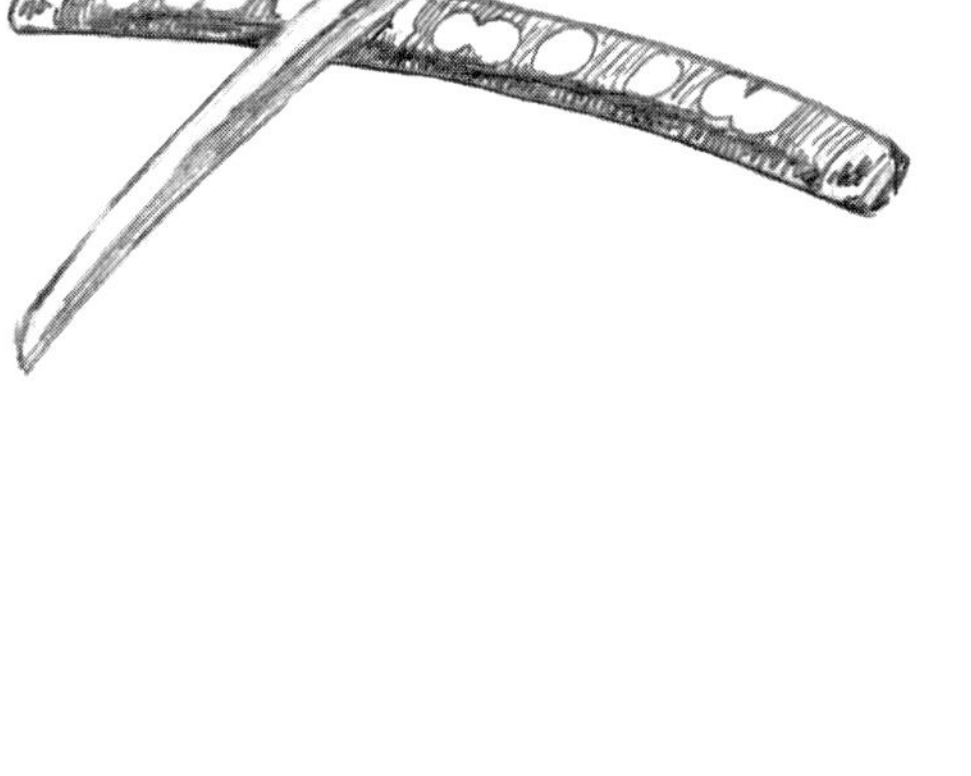

二　何にもとらわれるな

【原文】

禅宗《ぜんしゅう》には是《これ》を還把㆓鎗頭㆒倒刺㆑人来《かえってそうとうをつかみさかしまにひとをさしきた》ると申《もう》し候《そうろう》。鎗《そう》はほこにて候《そうろう》。人《ひと》の持《も》ちたる刀《かたな》を我《わ》か方《かた》へもぎ取《と》りて、還《かえっ》て相手《あいて》を切《き》ると申《もう》す心《こころ》に候《そうろう》。貴殿《きでん》の無刀《むとう》と仰《おお》せられ候事《そうろうこと》にて候《そうろう》。向《むこ》ふから打《う》つとも、吾《われ》から討《う》つとも、打《う》つ人《ひと》にも打《う》つ太刀《たち》にも、程《ほど》にも拍子《ひょうし》にも、卒度《そつど》も心《こころ》を止《とど》めれば、手前《てまえ》の働《はたらき》は皆抜《みなぬ》け候《そうらえ》て、人《ひと》にきられ可㆑申候《もうすべくそうろう》。敵《てき》に我身《わがみ》を置《お》けば、敵《てき》に心《こころ》をとられ候間《そうろうあいだ》、我身《わがみ》にも心《こころ》を置《お》くべからず。我《わ》か身《み》に心《こころ》を引《ひ》きしめて置《お》くも、初心《しょしん》の間《あいだ》、習入《ならいい》り候時《そうろうとき》の事《こと》なるべし。太刀《たち》に心《こころ》をとられ候《そうろう》。拍子《ひょうし》合《あい》に心《こころ》を置《お》けば、拍子《ひょうし》合《あい》に心《こころ》をとられ候《そうろう》。我太刀《わがたち》に心《こころ》を置《お》けば、我太刀《わがたち》に心《こころ》をとられ候《そうろう》。これ皆心《みなこころ》のとまりて、手前抜殻《てまえぬけがら》になり申《もう》し候《そうろう》。貴殿御覺《きでんおんおぼ》え可レ有《あるべく》候《そうろう》。佛法《ぶっぽう》と引當《ひきあ》て申《もう》すにて候《そうろう》。佛法《ぶっぽう》には、此止《このとどま》る心《こころ》を迷《まよい》と申《もう》し候《そうろう》。故《ゆえ》に無明住地煩悩《むみょうじゅうちぼんのう》と申《もう》すことにて候《そうろう》。

【現代語訳】

禅宗ではこれを「かえって鎗頭《そうとう》をつかんで逆さまに人を刺しきたる」と言っています。鎗は矛《ほこ》のことです。人が持っている刀を自分のほうへもぎ取って、逆に相手を切るという意味です。貴殿が無刀とおっしゃることです。向こうから打ってこようが自分から打っていこうが、打つ人でも打つ太刀でも、間合いでも拍子でも、少しでも心を止めれば自分のほうの働きは全部抜けてしまって、人に切られてしまうでしょう。敵のことを知ろうとすれば、敵に心を悟られます。一方、自分のことにも心を置くべきではありません。自分の心を引きしめておくのは、初心者のうち、習い始めのときのことです。そういう頃は、自分の太刀に心を取られてしまうものです。拍子ぐあいに心を置けば、拍子ぐあいに心を取られます。自分の太刀に心を置けば、自分の太刀に心を取られます。これはすべて、心が止まって、自分のほうは抜け殻になるということです。貴殿にも身に覚えがおありでしょう。それを仏法に当てはめて言いました。仏法では、この止まる心を迷いと言っています。ですので、無明住地煩悩《むみょうじゅうちぼんのう》ということになるのです。

【解釈】

敵と相対すれば、いろいろなものにとらわれます。どんな人間か、どんな太刀筋（剣筋）か、どんな間合いから来るか、どんなタイミングで来るかなど、数え上げればきりがありません。相手を知ろうとする一方で、自分を制御しようとするのもとらわれです。とにかく、何かにとらわれれば、その時点でその他が留守になります。そうなれば結果的にやられてしまうと、沢庵は説きます。我々の心は放っておくと気づかぬうちに何かにとらわれ、ついそればかりを追いかけてしまいます。マインドフルネスとは、自動的に引っ張られない集中力を基礎にしつつ、しかし、ただ一点にだけ集中することなく全体をふわりと万遍なく観察することです。それがブッダの示す仏教的核心であり、禅が示す境地です。過去や未来にとらわれず、「今ここ」の目の前の現実を観《み》ます。そして目の前の何か一点にとらわれず、全体を観《み》ます。ストレスを減らすにも、人間関係を円滑にするにも、目標を首尾良く達成するにも、これが極意となります。

第二部　諸仏不動智

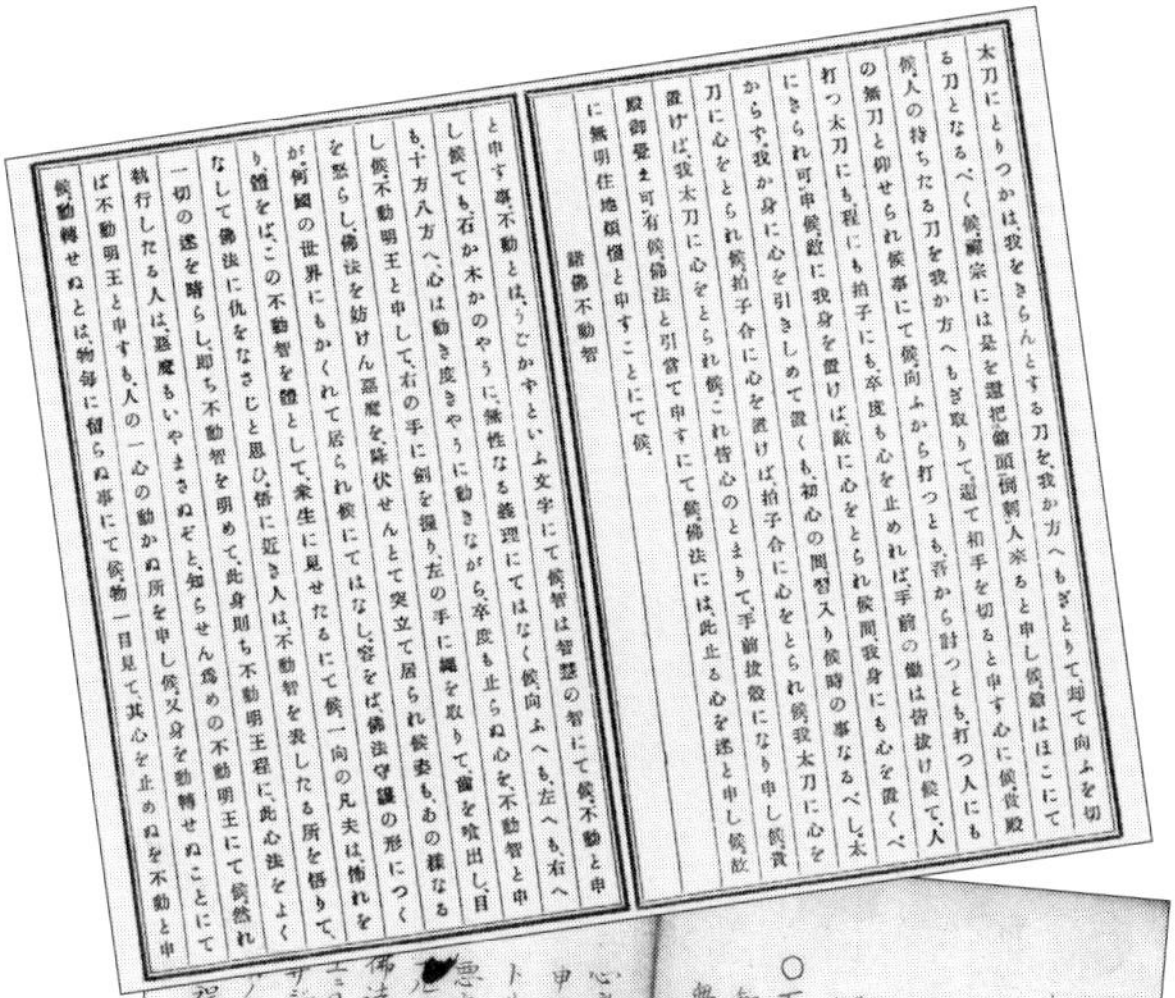
太刀にとりつかは、我をきらんとする刀を、我か方へもぎとりて、却て向ふを切
る刀となるべく候、禪宗には是を還把鎗頭倒刺人来ると申し候、鎗はほこにて
候、人の持ちたる刀を我か方へもぎ取りて、還て相手を切ると申す心に候、貴殿
の無刀と仰せられ候事にて候、向ふから打つとも、吾から討つとも、打つ人にも
打つ太刀にも程にも拍子にも、卒度も心を止めれば、手前の働は皆抜け候て、人
にきられ可申候、敵に我身を置けば、敵に心をとられ候間、我身にも心を置くべ
からず、我か身に心を引きしめて置くも、初心の間習入り候時の事なるべし、太
刀に心をとられ候、拍子合に心を置けば、拍子合に心をとられ候、我太刀に心を
置けば、我太刀に心をとられ候、これ皆心のとまりて、手前抜殻になり申し候、貴
殿御覺え可有候、佛法と引當て申すにて候、佛法には、此止る心を迷と申し候、故
に無明住地煩惱と申すことにて候、

諸佛不動智

と申す事、不動とは、うごかすといふ文字にて候、智は智慧の智にて候、不動と申
し候ても、石か木かのやうに、無性なる義理にてはなく候、向ふへも、左へも、右へ
も、十方八方へ、心は動き度きやうに動きながら、卒度も止らぬ心を、不動智と申
し候、不動明王と申して、右の手に劍を握り、左の手に繩を取りて、齒を喰出し、目
を怒らし、佛法を妨けん惡魔を、降伏せんとて突立て居られ候姿も、あの様なる
が、何國の世界にもかくれて居られ候にてはなし、容をば、佛法守護の形につく
り、體をば、この不動智を體として、衆生に見せたるにて候、一向の凡夫は、怖れを
なして佛法に仇をなさじと思ひ、悟に近き人は、不動智を表したる所を悟りて、
一切の迷を晴らし、即ち不動智を明めて、此身則ち不動明王程に、此心法をよく
執行したる人は、惡魔もいやまさぬぞと、知らせん爲めの不動明王にて候、然れ
ば不動明王と申すも、人の一心の動かぬ所を申し候、又身を動轉せぬことにて
候、動轉せぬとは、物毎に留らぬ事にて候、物一目見て、其心を止めぬを不動と申

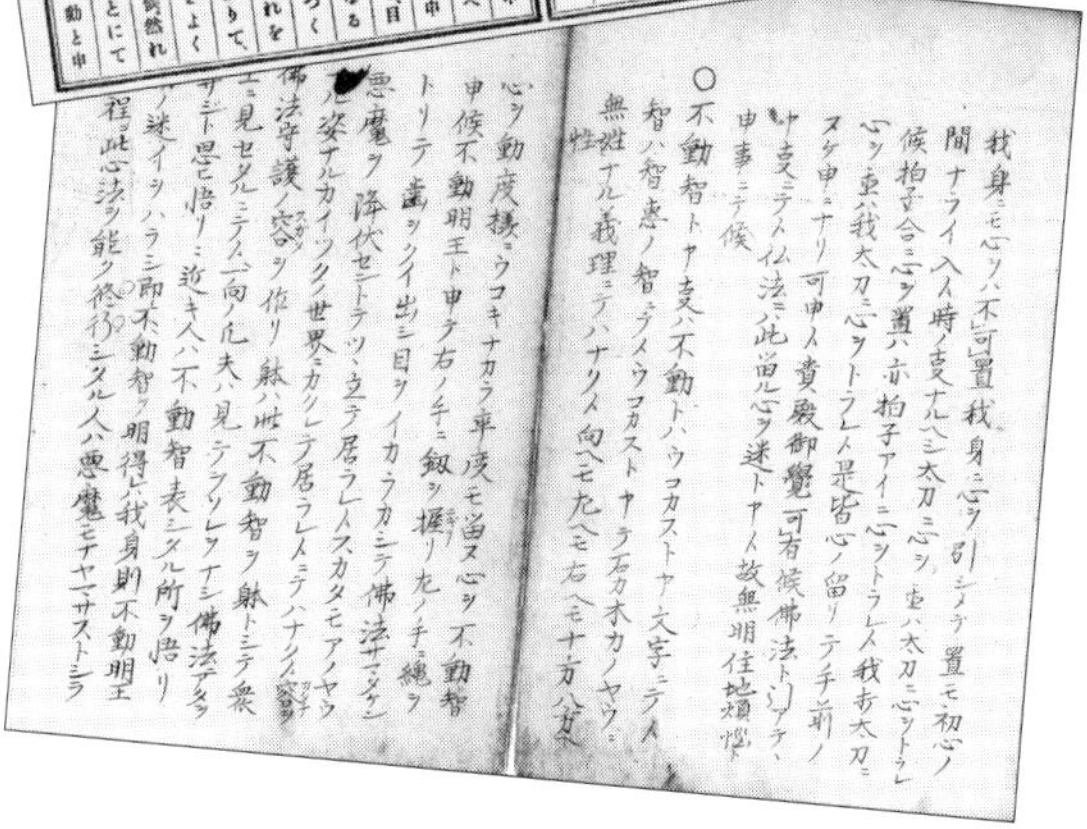
我身ニモ心ヲハ不可置 我身ニ心ヲ引シメテ置モ初心ノ
間ナラヒ入ル時ノ事ナルヘシ 太刀ニ心ヲ、置ハ太刀ニ心ヲトラレ
候 拍子合ニ心ヲ置ハ亦拍子アイニ心ヲトラレル 我亦太刀ニ
心ヲ置ハ我太刀ニ心ヲトラレル 是皆心ノ留リテ手前ノ
ヌケ申ニナリ可申ク 貴殿御覺可有候 佛法ト引アテ、
申事ニテ 仏法ニ此留ル心ヲ迷トナク 故無明住地煩惱
申事ニテ候
○不動智トナル事ハ不動トハウコカストナル文字ニテ人
智ハ智慧ノ智ニテウコカストナテ石カ木カノヤウニ
無性ナル義理ニテハナク向ヘモ左ヘモ右ヘモ十方八方ヘ
性
心ヲ動度様ニウコキナカラ卒度モ留ヌ心ヲ不動智
申候不動明王ト申テ右ノ手ニ劔ヲ握リ左ノ手ニ繩ヲ
トリテ歯ヲクイ出シ目ヲイカラカシテ佛法サマタケン
悪魔ヲ降伏セントテツヽ立テ居ラレシスカタモアノヤウ
ル姿ナルカイツクノ世界ニカクレテ居ラレルニテハナクノ容ヲ
佛法守護ノ容ヲ作リ躰ハ此不動智ヲ躰トシテ衆
生ニ見セタルニテ人一向ノ凡夫ハ見テヲソレヲナシ佛法ニアタ
サジト思ヒ悟リニ近キ人ハ不動智表シタル所ヲ悟リ
ノ迷イヲハラシ即不動智ヲ明得シ我身則不動明王
程ニ此心法ヲ能ク修行シタル人ハ悪魔モナヤマサストシラ

写真上：国立公文書館内閣文庫所蔵　『不動智神妙録』
写真下：国会図書館所蔵『不動智』

三　とらわれない自在な心を持て

【原文】

諸佛不動智《しよぶつふどうち》

と申《もう》す事《こと》、不動《ふどう》とは、うごかずといふ文字《もじ》にて候《そうろう》。智《ち》は智慧《ちえ》の智《ち》にて候《そうろう》。不動《ふどう》と申《もう》し候《そうろう》ても、石《いし》か木《き》かのやうに、無性《むしよう》なる義理《ぎり》にてはなく候《そうろう》。向《むこ》ふへも、左《ひだり》へも、右《みぎ》へも、十方八方《じつぽうはつぽう》へ、心《こころ》は動《うご》き度《た》きやうに動《うご》きながら、卒度《そつと》も止《とどま》らぬ心《こころ》を、不動智《ふどうち》と申《もう》し候《そうろう》。不動明王《ふどうみようおう》と申《もう》して、右《みぎ》の手《て》に剣《つるぎ》を握《にぎ》り、左《ひだり》の手《て》に繩《なわ》を取《と》りて、齒《は》を喰出《くいだ》し、目《まなこ》を怒《いか》らし、佛法《ぶつぽう》を妨《さまた》けん惡魔《あくま》を、降伏《ごうぶく》せんとて突立《つつたつ》て居《お》られ候《そうろう》姿《すがた》も、あの様《よう》なるが、何國《いずく》の世界《せかい》にもかくれて居《お》られ候《そうろう》にてはなし。容《かたち》をば、佛《ぶつ》法守護《ぼうしゆご》の形《かたち》につくり、體《たい》をば、この不動智《ふどうち》を體《たい》として、衆生《しゆじよう》に見《み》せたるにて候《そうろう》。一向《いつこう》の凡夫《ぼんぶ》は怖《おそ》れをなして、佛法《ぶつぼう》に仇《あだ》をなさじと思《おも》ひ、悟《さとり》に近《ちか》き人《ひと》は、不動智《ふどうち》を表《あらわ》したる所《ところ》を悟《さと》りて、一切《いつさい》の迷《まよい》を晴《は》らし、即《すなわ》ち不動智《ふどうち》を明《あきら》めて、此身《このみ》則《すなわ》ち不動《ふどう》明王《みようおう》程《ほど》に、此心法《このしんぼう》をよく執行《しぎよう》したる人《ひと》は、悪魔《あくま》もいやまさぬぞと、知《し》らせん爲《た》めの不動明王《ふどうみようおう》にて候《そうろう》。

【現代語訳】

「諸仏不動智」と言うことがありますが、不動とは、動かないという言葉です。智は智慧の智です。不動と言いましても、石か木のように、まったく動かないという意味ではありません。向こうへ行ったり、左へ行ったり、右へ行ったり、四方八方へと動きたいように動きながら、少しも止まらない心を、不動智と言っています。不動明王と言いまして、右の手には剣を握り、左の手には縄を持って、歯をむき出し、目を怒らせて、仏法を妨げようとする悪魔を降伏させようと突っ立っておられます姿も、あの様ではありますが、どこの国にもよく見られるものです。その容貌は仏法を守る形に作られていますが、実際はこの不動智を具体化したものとして、人々に見せているのです。何も知らない凡夫はこれに怖れをなして、仏法に反することはしないと思いますが、悟りに近い人は、これが不動智を表していることを理解します。一切の迷いを晴らし、不動智をはっきりと知り、自分も不動明王のようにその心法を実践する人は、どんな悪魔にも負けはしない、ということを知らそうとしているのが不動明王なのです。

【解釈】

「不動智」とは、とらわれない心のことを指します。不動とは、固まって〝動かない〟こと、つまり居着いてしまうことではありません。そうではなく、不動とは何かに〝動かされない〟ことを意味します。我々人間はつい知らぬ間に、何かに気を取られ、心が動かされてしまいます。ああでもない、こうでもないと、悪いことばかりが頭を巡ります。こうしたネガティブな傾向は「ネガティビティ・バイアス」と言って、我々人間一般に備わっています。それは、ネガティブに考えるほうが、生きるうえで相対的に適応価が高いからです。そうかと思えば、快楽や贅沢などの誘惑にどっぷりと浸かって抜け出せません。脳の「報酬系（ドーパミン神経系回路）」と結びついた物質や行為は、強い快感情をもたらすからです。こうして我々は、気がつけば絶えず何かに心がとらわれ、忙《せわ》しなく揺れ動いています。それが凡夫たる人間の心です。不動明王の一切を寄せつけない猛々《たけだけ》しい憤怒の様は、そうやって心をとらえ、引っ張り回し、迷わせるもの一切を寄せつけないことの象徴なのだと沢庵は説きます。不動智に至ることが仏道の目指すところであるとすれば、それは不動明王のように何にもとわれない心を持つことです。剣を持つ猛々しい武人の姿は、何かに動かされることなく、あらゆるものから解放された自由自在な心を具象化しています。

四　応じるけれどもとらわれるな

【原文】

然《しか》れば不動明王《ふどうみようおう》と申《もう》すも、人《ひと》の一心《いつしん》の動《うご》かぬ所《ところ》を申《もう》し候《そうろう》。又身《またみ》を動転《どうてん》せぬことにて候《そうろう》。動転《どうてん》せぬとは、物毎《ものごと》に留《とどま》らぬ事《こと》にて候《そうろう》。物一目見《ものひとめみ》て、其心《そのこころ》を止《とど》めぬを不《ふ》動《どう》と申《もう》し候《そうろう》。なぜなれば、物《もの》に心《こころ》が止《とどま》り候《そうら》へば、いろ〱の分別《ふんべつ》が胸《むね》に候間《そうろうあいだ》、胸《むね》のうちにいろ〱に動《うご》き候《そうろう》。止《とどま》れは止《とどま》る心《こころ》は動《うご》きても動《うご》かぬにて候《そうろう》。譬《たと》へば十《じゆう》人《にん》して一太刀《ひとたち》づゝ我《われ》へ太刀《たち》を入《い》るゝも、一太刀《ひとたち》を受流《うけなが》して、跡《あと》に心《こころ》を止《とど》めず、跡《あと》を捨《す》て跡《あと》を拾《ひろ》ひ候《そうら》はゞ、十人《じゆうにん》ながらへ働《はたらき》を鈌《か》かさぬにて候《そうろう》。十人十度《じゆうにんじゆうど》心《こころ》は働《はたら》けども、一人《ひとり》にも心《こころ》を止《とど》めずば、次第《しだい》に取合《とりあ》ひて働《はたらき》は鈌《か》け申間敷候《もうすまじくそうろう》。若《も》し又一人《またひとり》の前《まえ》に心《こころ》が止《とど》り候《そうら》はゞ、一人《ひとり》の打太刀《うちだち》をば受流《うけなが》すべけれども、二人《ふたり》めの時《とき》は、手《て》前《まえ》の働《はたらき》抜《ぬ》け可レ申候《もうすべくそうろう》。

【現代語訳】

つまり不動明王と言いますのは、人の心が動かぬ様子を指しています。または、身が動転しないことであります。動転しないとは、何ものにも止まらないことです。ものを一目見て、それに心を止めないことを不動と言うのです。なぜなら、ものに心が止まりますと、いろいろな考えが胸に去来して、いろいろと動き回るからです。止まってしまうと、その止まった心はいざ動こうとしても動かないのです。たとえば、十人が一太刀ずつ自分に太刀を振ってきたとしても、一太刀を受け流して、それに心を止めず、一太刀を捨て一太刀を拾っていけば、十人ともに働きを欠かさないことになります。十人に十回心は働きますが、一人にも心を止めなければ、次々に取り合っても働きが損なわれることはないはずです。もし、ある一人を前にして心が止まりますと、その人が打ってくる太刀は受け流せるでしょうが、二人目のときは、自分のほうの働きが抜けてしまうでしょう。

【解釈】

思考や感情など、何かに心がとらわれると、我々はそのことをつい追いかけてしまいます。すると、連想ゲームのように次から次へと考えや思いが湧き出てきます。もしくは、無限循環で再生される映像や音楽のように、心の中で延々と同じ考えや思いが繰り返されます。こうした過去のことを間断なくあれこれ考え続けていることを、心理学では「反すう」と言います。未来のことであれば「心配」です。「意馬心猿《いばしんえん》」と言って、それはまるで飛び回る馬か猿のようなものだと仏教では喩《たと》えられます。これが、ストレスを長引かせる心理的な原因の一つにもなっています。ある種の自家中毒に陥っていると言えます。こうして何かにとらわれてしまえば、他が見えなくなり、対応がおろそかになるのは想像に難くありません。沢庵はこれを、十人がかりで切ってくる敵に喩えています。もし仮に、一人目の敵に心がとらわれてしまったら、その敵をいつまでも追いかけてしまい、次の二人目に切られてしまいます。だから、応じるけれどもとらわれてはいけない、と説きます。自分が置かれた今ここの状況に、何かにとらわれることなく、全身全霊で応じる。それは、今ここになりきることで可能となります。

五　部分にとらわれるな

【原文】

千手観音《せんじゆかんのん》とて手《て》が千御入《せんおんい》り候《そうら》はゞ、弓《ゆみ》を取《と》る手《て》に心《こころ》が止《とどま》らば、九百九十九《きゆうひやくきゆうじゆうきゆう》の手《て》は皆用《みなよう》に立《た》ち申《もう》す間敷《まじく》。一所《ひとところ》に心《こころ》を止《とど》めぬにより、手《て》が皆用《みなよう》に立《た》つなり。観音《かんのん》とて身《み》一《ひと》つに千《せん》の手《て》が何《なに》しに可レ有候《あるべくそうろう》。不動智《ふどうち》が開《ひら》け候《そうら》へば、身《み》に手《て》が千有《せんあ》りても、皆用《みなよう》に立《たつ》と云《い》ふ事《こと》を、人《ひと》に示《しめ》さんが為《た》めに、作《つく》りたる容《かたち》にて候《そうろう》。假令《たとえ》一本《いつぽん》の木《き》に向《むか》ふて、其内《そのうち》の赤《あか》き葉《は》一《ひと》つを見《み》て居《お》れば、残《のこ》りの葉《は》は見《み》えぬなり。葉《は》ひとつに目《め》をかけずして、一本《いつぽん》の木《き》に何心《なにごころ》もなく打《う》ち向《むか》ひ候《そうら》へば、数多《あまた》の葉残《はのこ》らず目《め》に見《み》え候《そうろう》。葉《は》一《ひと》つに心《こころ》をとられ候《そうら》はゞ、残《のこ》りの葉《は》は見《み》えず。一《ひと》つに心《こころ》を止《とど》めねば、百千《ひゃくせん》の葉《は》みな見《み》え申《もう》し候《そうろう》。是《これ》を得心《とくしん》したる人《ひと》は、即《すなわ》ち千手千眼《せんじゅせんがん》の観音《かんのん》にて候《そうろう》。然《しか》るを一向《いっこう》の凡夫《ぼんぷ》は、唯一筋《ただひとすじ》に、身一《みひと》つに千《せん》の手《て》、千《せん》の眼《まなこ》が御座《ござ》して難レ有《ありがたし》と信《しん》じ候《そうろう》。又《また》なまものじりなる人《ひと》は、身一《みひと》つに千《せん》の眼《まなこ》が、何《なに》しにあるらん、虚言《そらごと》よ、と破《やぶ》り譏《そし》る也《なり》。今少《いますこ》し能《よ》く知《し》れば、凡夫《ぼんぷ》の信《しん》ずるにても、破《やぶ》るにてもなく、道理《どうり》の上《うえ》にて尊信《たっとびしん》し、佛法《ぶっぽう》はよく一物《いちぶつ》にして其理《そのことわり》を顕《あらわ》す事《こと》にて候《そうろう》。諸道《しょどう》ともに斯様《かよう》のものにて候《そうろう》。神道《しんとう》は別《べつ》して其道《そのみち》と見及《みおよ》び候《そうろう》。有《あり》の儘《まま》に思《おも》ふも凡夫《ぼんぷ》、又打破《またうちやぶ》れば猶悪《なおわる》し。其内《そのうち》に道理《どうり》有《あ》る事《こと》にて候《そうろう》。此道《このみち》、彼道《かのみち》さま〴〵に候《そうら》へども、極所《きわまるところ》は落《らく》着候《ちゃくそうろう》。

【現代語訳】

千手観音にも手が千本ございますが、弓を取る一本の手に心が止まってしまったら、他の九百九十九本の手はすべて役に立たないはずです。一箇所に心を止めないことで、手がすべて役に立つのです。観音様だとしても体一つに千の手が何のためにあるのでしょう。それは、不動智があれば、体に手が千本あろうともすべて役に立つということを、人々に示そうとするために作られた形なのです。たとえば一本の木を前にして、そのなかの赤い葉一枚を見ていては、他の残りの葉は見えません。一枚の葉に目をかけないで、一本の木に対して何かを思うのではなくただ前にすれば、多くの葉が残らず目に見えます。葉一枚に心を取られますと、残りの葉は見えません。一つの葉に心を止めなければ、百枚千枚の葉がすべて見えるということです。このことに気がついた人は、すなわち千手千眼の観音なのです。しかし、何も知らない凡夫はただ単純に、一つの体に千の手と千の眼をお持ちなのでありがたい、と信じています。また、生半可に物知り顔の人は、一つの体に千の眼なんてなぜあるのだ、そんなのは嘘だと退け非難します。しかし、今少しよく考えれば、凡夫が信じるところでも物知り顔が非難するところでもなく、道理を理解して尊び信頼すれば、仏法はしばしば一つのものでこの世の理《ことわり》を表しているものです。どんな道でもこのようなものです。神道は特にそのような道と見ています。見たままに思うのも凡夫ですが、非難するのはなお悪いでしょう。そのなかに道理があるのです。この道、あの道と、さまざまありますが、究極的に落ち着くところは同じです。

【解釈】

「分析的思考」と「包括的思考」というものがあります。文化によって異なるとされる思考様式であり、西洋的とされる前者は部分を、東洋的とされる後者は全体を重視します。これは、個人を重視する西洋人と集団を重視する東洋人、という考えとつながります。西洋人は「相互独立的な自己観」を、東洋人は「相互協調的な自己観」を持つとも言われます。こうした東洋的な集団主義を、没個性と揶揄《やゆ》する向きもあります。確かに弊害もあるでしょう。しかし、沢庵に言わせれば、部分にとらわれると全体は機能しない（見えない）のです。千手観音は一本の手にこだわらないので、千の手をすべて万全に働かせることができます。部分へ固執せずに全体を俯瞰する視点こそが重要です。なにも、東洋人には全体を視野に入れるこうした傾向が生来的に備わっている、というわけではありません。東洋、東アジア、あるいは日本という風土の中で、長い年月をかけて培われてきた、より良く生きるための智慧なのです。その大切な智慧を忘れてはいけません。

六　無に帰れ

【原文】

扨《さて》初心《しよしん》の地《ち》より修行《しゆぎよう》して不動智《ふどうち》の位《くらい》に至《いた》れば、立歸《たちかえり》て住地《じゆうち》の初心《しよしん》の位《くらい》へ落《お》つべき子細《しさい》御入《おんい》り候《そうろう》。貴殿《きでん》の兵法《へいほう》にて可申候《もうすべくそうろう》。初心《しよしん》は身《み》に持《も》つ太刀《たち》の構《かまえ》も何《なに》も知《し》らぬものなれば、身《み》に心《こころ》の止《とどま》る事《こと》もなし。人《ひと》が打《う》ち候《そうら》へは、つひ取合《とりあ》ふばかりにて、何《なん》の心《こころ》もなし。然《しか》る處《ところ》にさま〴〵の事《こと》を習《なら》ひ、身《み》に持《も》つ太刀《たち》の取様《とりよう》、心《こころ》の置《おき》所《どころ》、いろいろの事《こと》を教《おし》へぬれは、色々《いろいろ》の處《ところ》に心《こころ》が止《とどま》り、人《ひと》を打《う》たんとすれば、兎《と》や角《かく》して殊《こと》の外《ほか》不自由《ふじゆう》なる事《こと》、日《ひ》を重《かさ》ね年月《ねんげつ》をかさね、稽古《けいこ》をするに従《したが》ひ、後《のち》は身《み》の構《かまえ》も太刀《たち》の取様《とりよう》も、皆心《みなこころ》のなくなりて、唯最初《たださいしよ》の、何《なに》もしらず習《なら》はぬ時《とき》の、心《こころ》の様《よう》になる也《なり》。是《こ》れ初《はじめ》と終《おわり》と同《おな》じやうになる心持《こころもち》にて、一《いち》から十《じゅう》までかぞへまはせば、一《いつ》と十《じゅう》と隣《となり》になり申《もう》し候《そうろう》。調子《ちょうし》なども、一《いち》の初《はじめ》の低《ひく》き一《いち》をかぞへて上無《かみむ》と申《もう》す高《たか》き調子《ちょうし》へ行《ゆ》き候《そうら》へば、一《いち》の下《した》と一《いち》の上《うえ》とは隣《とな》りに候《そうろう》。

一、壹越《いちこつ》。二、斷金《たんぎん》。三、平調《ひょうじょう》。四、勝絕《しょうぜつ》。五、下無《しもむ》。六、雙調《そうじょう》。七、鳧鐘《ふしょう》。

八、つくせき。九、蠻《ばん》（打けい）。十、盤渉《ばんしき》。十一、神仙《しんせん》。十二、上無《かみむ》。

づゝと高《たか》きと、づゝと低《ひく》きは似《に》たるものになり申《もう》し候《そうろう》。佛法《ぶっぽう》も、づゝとたけ候《そうら》へは、佛《ほとけ》とも法《ほう》とも知《し》らぬ人《ひと》のやうに、人《ひと》の見《み》なす程《ほど》の、飾《かざり》も何《なに》もなくなるものにて候《そうろう》。故《ゆえ》に初《はじめ》の住地《じゅうち》の、無明《むみょう》と煩惱《ぼんのう》と、後《のち》の不動智《ふどうち》とが一《ひと》つに成《な》りて、智慧《ちえ》働《はたらき》の分《ぶん》は失《う》せて、無心無念《むしんむねん》の位《くらい》に落着《らくちゃく》申《もう》し候《そうろう》。至極《しごく》の位《くらい》に至《いた》り候《そうら》えば、手足身《てあしみ》が覺《おぼ》え候《そうらえ》て、心《こころ》は一切《いっさい》入《い》らぬ位《くらい》になる物《もの》にて候《そうろう》。

【現代語訳】

さて、初心のところから修行して不動智の境地に至ると、立ち帰って住地である初心の段階へと落ちるでしょう、という込み入った話がございます。貴殿の兵法に沿ってお話しましょう。初心の頃は手に持つ太刀の構えも何も知らないので、自分の身に心を止めることはありません。人が打ってきたら、思わず取り合うだけで、何の心もありません。そういうところに、さまざまなことを習って、手に持つ太刀の取り方や心の置き所などいろいろなことを教わると、いろいろなところに心が止まり、人を打とうとすると、あれやこれやと思いのほか不自由になります。しかし、日を重ねて年月を重ねて稽古をするにしたがい、やがて身の構え方も太刀の取り方も、すべて気にならなくなって、純粋に最初の、何も知らない習っていないときの心のようになるのです。これは最初と最後が同じようになる心持ちであり、一から十まで数えていくと、一と十が隣になるということです。音の調子でも、一番最初の低い一から数えて上無《かみむ》という高い調子へ行けば、下の一と上の一とは隣になるのです。

ずっと高い調子とずっと低い調子は、似たものになるということです。仏法も、ずっと修行していきますと、仏も法もわからない人のように、人が目を見張るような飾りも何もなくなるものです。ですので、初めの住地の無明と煩悩と、終わりの不動智とが一つになって、あれこれと考える分はなくなって、無心無念のところに落ち着くのです。究極の段階に至りますと、手と足と

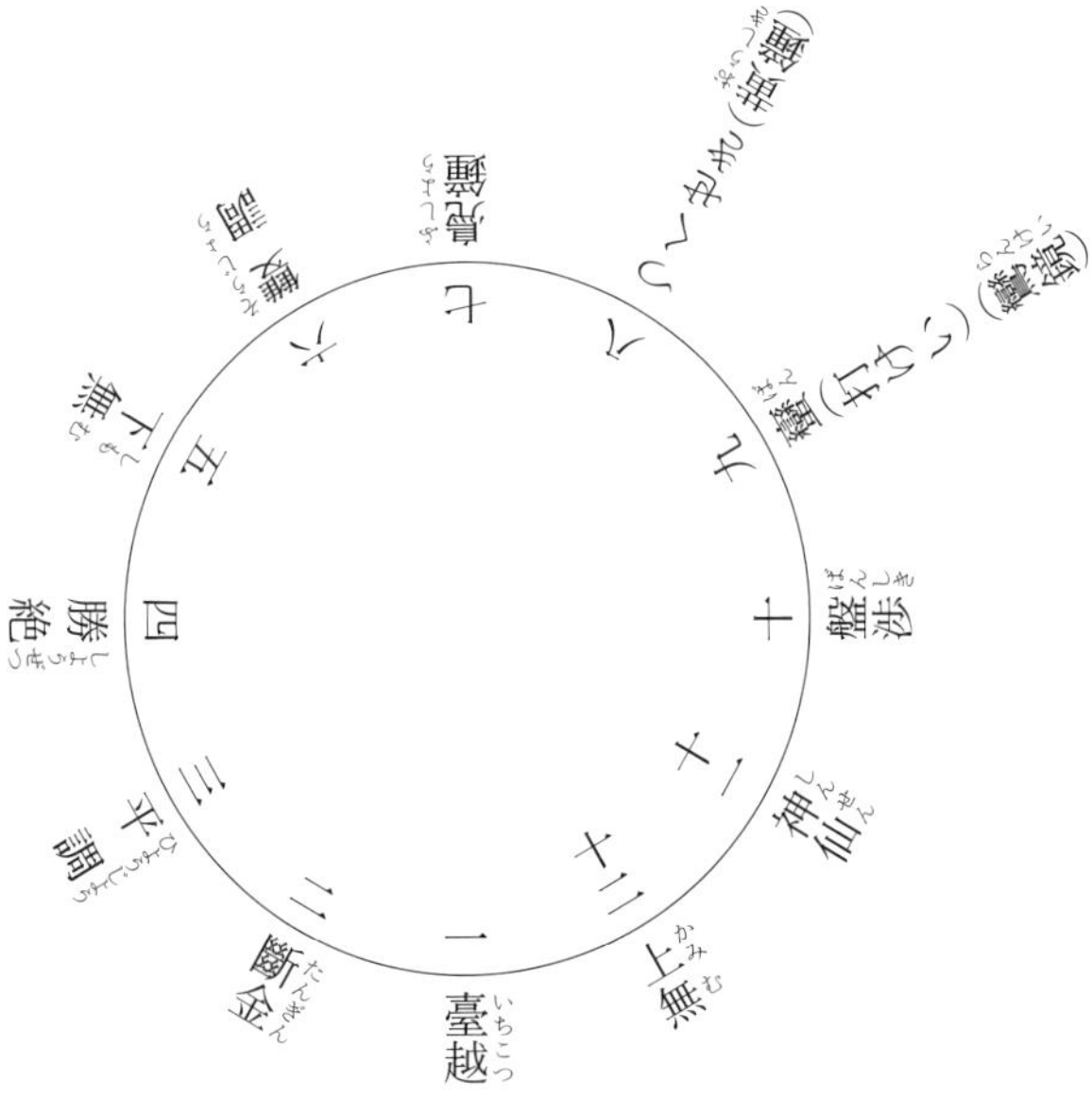

体が覚えていて、心は一切入ってこない境地になるものです。

【解釈】

西洋音楽の音階で言えばドから始まって再びドに戻るように、道の修業を極めれば、やがて元の素人のごとく無になると沢庵は説きます。老子も、赤ん坊に習えと諭《さと》します。我々人間は、誰しも赤ん坊として生まれ、とらわれの対象となるいろいろなものを溜め込みながら大人になります。だから道家は、まだ何にもとらわれていない、最も柔らかで無為自然な存在を理想とします。沢庵の例えを老子風に解けば、剛が極まれば柔となる、と言えるでしょうか。中島敦の小説『名人伝』の主人公である紀昌は、天下一の弓の名人になろうと修行し、極めた最後にはとうとう弓のことさえ忘れてしまいました。無から有、そしてまた無へ。柔から剛、そしてまた柔へ。弱から強、そしてまた弱へ。無分別から分別、そしてまた無分別へ。つまり、強いか弱いか、損か得か、良いか悪いか、悟ったか悟っていないかにとらわれているようでは、まだまったく道の途中です。あらゆるとらわれを手放して元の無に帰る。ストレスとは無縁の絶対的安心がそこにあります。

七　「かかし」となれ

【原文】

鎌倉《かまくら》の佛國國師《ぶっこくこくし》の歌《うた》にも、「心《こころ》ありてもるとなけれど小山田《おやまだ》に、いたづらならぬかゝしなりけり」。皆此歌《みなこのうた》の如《ごと》くにて候《そうろう》。山田《やまだ》のかゝしとて、人形《にんぎょう》を作《つく》りて弓矢《ゆみや》を持《もた》せておく也《なり》。鳥獣《とりけもの》は是《これ》を見《み》て逃《にぐ》る也《なり》。此人形《このにんぎょう》に一切心《いっさいこころ》なけれども、鹿《しか》がおじてにぐれば、用《よう》がかなふ程《ほど》に、いたづらならぬ也《なり》。萬《よろず》の道《みち》に至《いた》り至《いた》る人《ひと》の所作《しょさ》のたとへ也《なり》。手足身《てあしみ》の働斗《はたらきばかり》にて、心《こころ》がそつともとゝまらずして、心《こころ》がいづくに有《あ》るともしれずして、無念無心《むねんむしん》にて山田《やまだ》のかかしの位《くらい》にゆくものなり。一向《いっこう》の愚痴《ぐち》の凡夫《ぼんぶ》は、初《はじめ》から智慧《ちえ》なき程《ほど》に、萬《よろず》に出《いで》ぬなり。又《また》づゝとたけ至《いた》りたる智慧《ちえ》は、早《はや》ちかへ處入《ところいる》によりて一切出《いっさいいで》ぬなり。また物知《ものし》りなるによつて、智慧《ちえ》が頭《あたま》へ出《い》で申《もう》し候《そうらえ》て、をかしく候《そうろう》。今時分《いまじぶん》の出家《しゅっけ》の作法《さほう》ども、嘸《さぞ》をかしく可二思召一候《おぼしめすべくそうろう》。御耻《おはず》かしく候《そうろう》。

【現代語訳】

鎌倉の仏国国師の歌にも、「心ありて もるとなけれど 小山田に いたづらならぬ かかしなりけり」というものがあります。すべてはこの歌のとおりであります。山の田んぼの案山子《かかし》として、人形を作って弓矢を持たせておくわけです。鳥や獣はこれを見て逃げます。この人形には一切心はありませんが、鹿が怖じ気づいて逃げれば用が叶うので、それは役に立っているのです。あらゆる道において、究極の段階に至った人の所作のたとえです。手や足や体の動きだけで、心は少しも止まることなく、心はどこにあるとも知れず、無念無心に、山の田んぼの案山子の境地に辿り着いたものです。何もわからない無智の凡夫は、初めから智慧がないので何も出てくることはありません。一方で、ずっと高い境地に至った智慧も、もはや深いところに入ってしまっているので、一切出てくることはありません。物知り顔の者は、智慧が頭をもたげてしまいますので、滑稽なわけです。今時の出家の様子なども、さぞ滑稽に思われますことでしょう。お恥ずかしい限りです。

【解釈】

何事も、生半可に優れている者は、その生半可な優秀さを誇ろうとします。それは評価されたい気持ちの裏返しです。評価されたい気持ちというのは、「承認欲求」「自己高揚動機」あるいは「自己愛」として、誰しも少なからず持っているものです。ですが、本当に極めた者はまるでまったくの凡人のように、自らその優秀さを誇ることはないし、端から見ても優秀であるとすぐにはわかりません。そのように一見、凡人と同様に何もない状態でありながら、しかし凡人と達人の違いは、何かがあれば即座に的確に対応できるところです。さらに言えば、何もせずとも災禍のほうが避ける、つまり何もせずとも難事が治まる、そもそも難事さえ起こらないのが究極とも言えます。案山子に関する沢庵の話は、そのようにも解釈できます。荘子で言うところの「木《もっ》鶏《けい》」に等しいでしょうか。最強の闘鶏は、何にも惑わされず一切動じない木鶏のごとく泰然としています。「木鶏子夜に鳴く」という禅語があります。木鶏のごとき達人は、真夜中（子《ね》の刻）に密かに努力を重ねるものです。努力や優秀さは人に知られなくてもよいのです。それが木鶏への道、案山子への道です。

八　心と身の両方を鍛えよ

【原文】

理《り》之《の》修行《しゅぎょう》、事《わざ》之《の》修行《しゅぎょう》、と申《もう》す事《こと》の候《そうろう》。理《り》とは右《みぎ》に申上《もうしあげ》候《そうろう》如《ごと》く、至《いた》りては何《なに》も取《とり》あはず、唯一心《ただいっしん》の捨《すて》やうにて候《そうろう》。段々《だんだん》右《みぎ》に書付《かきつ》け候《そうろう》如《ごと》くにて候《そうろう》。然《しか》れども、事《わざ》の修行《しゅぎょう》を不レ仕候《つかまつらずそうら》えば、道理《どうり》ばかり胸《むね》に有《あ》りて、身《み》も手《て》も不レ働候《はたらかずそうろう》。事《わざ》之《の》修行《しゅぎょう》と申《もう》し候《そうろう》は、貴殿《きでん》の兵法《へいほう》にてなれは、身構《みがまえ》の五箇《ごこ》に一字《いつじ》の、さま〳〵の習事《ならいこと》にて候《そうろう》。理《り》を知《し》りても、事《わざ》の自由《じゆう》に働《はたら》かねばならず候《そうろう》。身《み》に持《も》つ太刀《たち》の取《とり》まはし能《よ》く候《そうらえ》ても、理《り》の極《きわま》り候所《そうろうところ》の闇《くら》く候《そうろう》ては、相成間敷候《あいなりまじくそうろう》。事理《じり》の二《ふた》つは、車《くるま》の輪《わ》の如《ごと》くなるべく候《そうろう》。

【現代語訳】

「理《り》の修行、事《わざ》の修行」というものがございます。理とは右に申し上げましたように、極めたら何にもとらわれず、ただ心を捨てたかのようになることです。順を追って右に書き記したとおりであります。しかし、事の修行をいたしませんと、道理ばかりが胸中にあって、体も手もうまく動きません。事の修行と言いますのは、貴殿の兵法で言えば、五つの構え方など、さまざまに習う技のことです。理がわかっていても、事が自由に働かなくてはいけません。身に付けた太刀の取り扱いがうまくても、理が極まるところに疎《うと》ければ、両方とも活きないでしょう。事と理の二つは、車の両輪のようでなければならないのです。

【解釈】

武術では心法と身法、この両方が備わってこそ、達人へと至ることができます。沢庵が説く例に沿えば、いくら心を鍛えても身体的な術が未熟であれば、当然切られてしまいます。しかし、たとえ身体的な術を鍛えても心が未熟であれば、やはり切られてしまいます。心法（理）と身法（事）の両方がそろってはじめて、自由自在に戦う、すなわち勝つことができます。これは何も戦いの場だけに限りません。理と事の教えは、「理論と実践」の関係に当てはめることもできます。考えなくただやみくもに対処するのは、決して有効とは言えません。しかし、理屈ばかりこねて実行しなければ、それもまた無益です。できる人というのは、考えを持って自ら行動する人です。ただしその考えは、どこかに偏ることなく、常にバランスと調和を保っていなければなりません。同時に、課題遂行に必要なスキルも身に付けておかなければなりません。そうして、沢庵の言うように自由自在に動く。仕事も人間関係も、極意は武術と同じです。

第三部　間不容髪

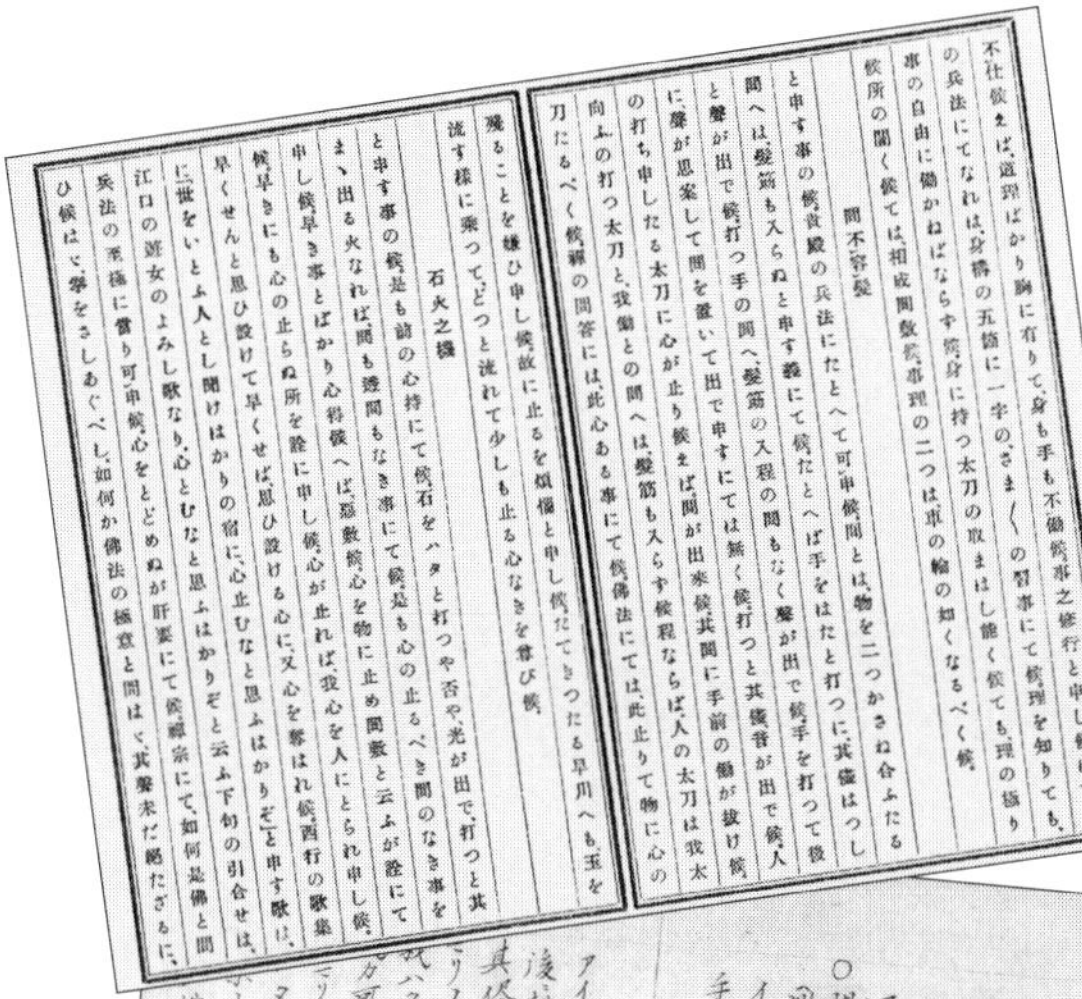

不仕候えば、道理ばかり胸に有りて、身も手も不働候。事之修行と申し候は、貴殿の兵法にてなれば、身構の五箇に一字の、さま〲の習事にて候。理を知りても、事の自由に働かねばならず候。身に持つ太刀の取まはし能く候ても、理の極り候所の闇く候ては、相成間敷候。事理の二つは車の輪の如くなるべく候。

間不容髪

と申す事の候。貴殿の兵法にたとへて可申候。間とは、物を二つかさね合ふたる間へは、髪筋も入らぬと申す義にて候。たとへば手をはたと打つに、其儘はっしと聲が出で候。打つ手の間へ、髪筋の入程の間もなく聲が出で候。手を打って後に、聲が思案して間を置いて出で申すにては無く候。打つと其儘音が出で候。人の打ち申したる太刀に心が止り候えば、間が出来候。其間に手前の働が抜け候。向ふの打つ太刀と、我働との間へは、髪筋も入らず候程ならば、人の太刀は我太刀たるべく候。禅の問答には、此心ある事にて候。佛法にては、此止りて物に心の殘ることを嫌ひ申し候。故に止るを煩惱と申し候。たてきつたる早川へも、玉を流す様に乘って、どっと流れて少しも止る心なきを尊び候。

石火之機

と申す事の候。是も前の心持にて候。石をハタと打つや否や、光が出で、打つと其まゝ出る火なれば、間も透間もなき事にて候。是も心の止るべき間のなき事を申し候。早き事とばかり心得候へば、惡敷候。心を物に止め間敷と云ふが詮にて候。早きにも心の止らぬ所を詮に申し候。心が止れば、我心を人にとられ申し候。早くせんと思ひ設けて早くせば、思ひ設ける心に、又心を奪はれ候。西行の歌集に、「世をいとふ人とし聞けばかりの宿に、心止むなと思ふばかりぞ」と申す歌は、江口の遊女のよみし歌なり。心とむなと思ふばかりぞと云ふ下句の引合せは、兵法の至極に當り可申候。心をとどめぬが肝要にて候。禪宗にて、如何是佛と問ひ候はゞ、拳をさしあぐべし。如何か佛法の極意と問はゞ、其聲未だ絶たざるに、

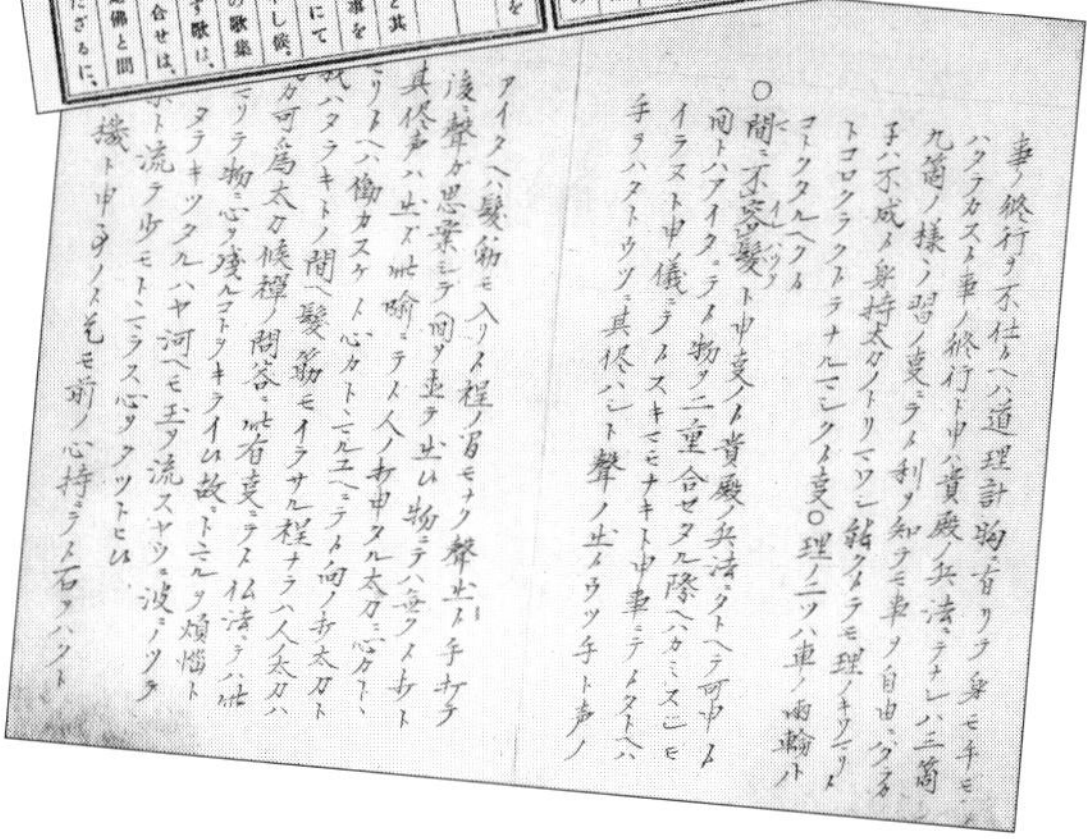

写真上：国立公文書館内閣文庫所蔵　『不動智神妙録』
写真下：国会図書館所蔵『不動智』

九　間良く動け

【原文】

間不レ容レ髪《かんはつをいれず》

と申《もう》す事《こと》の候《そうろう》。貴殿《きでん》の兵法《へいほう》にたとへて可レ申候《もうすべくそうろう》。間《かん》とは、物《もの》を二《ふた》つかさね合《あ》ふたる間《あいだ》へは、髪筋《かみすじ》も入《はい》らぬと申《もう》す義《ぎ》にて候《そうろう》。たとへば手《て》をはたと打《う》つに、其儘《そのまま》はつしと聲《こえ》が出《い》で候《そうろう》。打《う》つ手《て》の間《あいだ》へ、髪筋《かみすじ》の入程《いるほど》の間《ま》もなく聲《こえ》が出《い》で候《そうろう》。手《て》を打《う》つて後《のち》に、聲《こえ》が思案《しあん》して間《ま》を置《お》いて出《い》で申《もう》すにては無《な》く候《そうろう》。打《う》つと其儘《そのまま》、音《おと》が出《い》で候《そうろう》。人《ひと》の打《う》ち申《もう》したる太刀《たち》に心《こころ》が止《とど》り候《そうら》えば、間《ま》が出來候《できそうろう》。其間《そのま》に手前《てまえ》の働《はたらき》が抜《ぬ》け候《そうろう》。向《むこ》ふの打《う》つ太刀《たち》と、我働《わがはたらき》との間《あいだ》へは、髪筋《かみすじ》も入《はい》らず候程《そうろうほど》ならば。人《ひと》の太刀《たち》は我太刀《わがたち》たるべく候《そうろう》。禪《ぜん》の問答《もんどう》には、此心《このこころ》ある事《こと》にて候《そうろう》。佛法《ぶつぽう》にては、此《この》止《とど》まりて物《もの》に心《こころ》の残《のこ》ることを嫌《きら》ひ申《もう》し候《そうろう》。故《ゆえ》に止《とど》まるを煩悩《ぼんのう》と申《もう》し候《そうろう》。たてきつたる早川《はやかわ》へも、玉《たま》を流《なが》す様《よう》に乘《の》つて、どつと流《なが》れて少《すこ》しも止《とど》まる心《こころ》なきを尊《たつと》び候《そうろう》。

【現代語訳】

「間髪を入れず」というものがあります。貴殿の兵法にたとえてお話ししましょう。間とは、物を二つ重ね合わせた間のことで、そこには髪一本さえ入らないという意味であります。たとえば、手をパンと打つと、その瞬間にパンと音が出ます。打つ手から、髪一本入るような間もなく、音が出ます。手を打ってから後に、音が思案して間を置いてから出るということではありません。打った瞬間、音が出ます。人が打ってきた太刀に心が止まりますと、間ができます。その間に、自分のほうの働きが抜け落ちてしまいます。相手の打ってくる太刀と、自分の働きとの間に、髪一本さえ入らないぐらいになれば、人の太刀は自分の太刀となりましょう。禅の問答では、こうした考え方がございます。仏法では、こうして物に心が止まって残ることを嫌います。ですから、止まることを煩悩と言います。激しく流れる川に玉を流すように、流れに乗って少しも止まらない心を良しとします。

【解釈】

間の良さもあれば、間の悪さもあります。間が良いとは、文脈に沿っていることを絶妙なタイミングですることと言えるでしょう。一方、間が悪いとは、文脈に沿っていないことをするか、外れたタイミングでするか、あるいはその両方をすることと言えます。鋭さや、賢さや、面白さが光るのは間の良さであり、鈍さや、愚かさや、つまらなさが醸し出されるのは間の悪さです。沢庵が説くところでは、その場で考えているようでは間が悪い、ということです。考えを持って実行することは大切です。しかし、その場になって考えて動いているようでは、まったくもって遅すぎます。それが戦いの場であれば、あっさり負けてしまいます。滑らかにしなやかに動くには、その場の流れに乗らなければなりません。間が悪いとは、考えに心がとらわれ、働きが鈍り、流れに乗れないことです。だから常日頃より、いっさい何も考えずに身体が身体だけで動けるようになるまで、繰り返し稽古（練習）することは重要でしょう。そうして普段から自分のスキルを磨き続ける地道なアプローチ以外に、間を良くする稽古法はありません。そのうえで、距離を置いて全体の流れ（文脈）を読む観察眼も磨かれれば、なおいっそう良いはずです。

第四部　石火之機

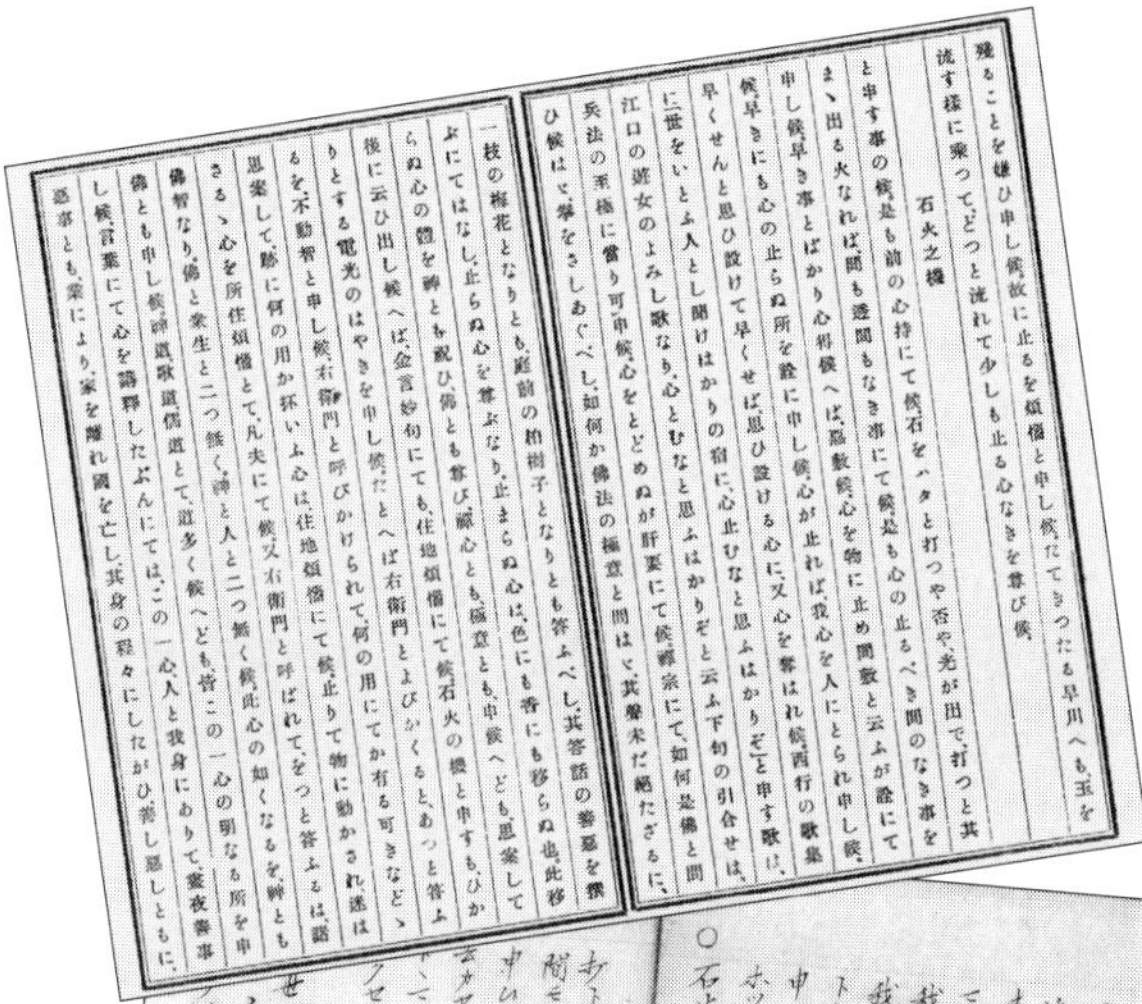

残ることを嫌ひ申し候、故に止るを煩悩と申し候、たてきつたる早川へも、玉を流す様に乗つて、どつと流れて少しも止る心なきを尊び候、

石火之機

と申す事の候、是も前の心持にて候、石をハタと打つや否や、光が出で、打つと其まゝ出る火なれば、間も透間もなき事にて候、是も心の止るべき間のなき事を申し候、早き事とばかり心得候へば、悪敷候、心を物に止め間敷と云ふが詮にて候、早きにも心の止らぬ所を詮に申し候、心が止れば、我心を人にとられ申し候、早くせんと思ひ設けて早くせば、思ひ設ける心に、又心を奪はれ候、西行の歌集に、世をいとふ人とし聞けばかりの宿に、心止むなと思ふばかりぞと申す歌は、江口の遊女のよみし歌なり、心とむなと思ふはかりぞと云ふ下句の引合せは、兵法の至極に當り可申候、心をとどめぬが肝要にて候、禪宗にて、如何是佛と問ひ候はゞ、拳をさしあぐべし、如何か佛法の極意と問はゞ、其聲未だ絶たざるに、

一枝の梅花となりとも、庭前の柏樹子となりとも答ふべし、其答話の善悪を撰ぶにてはなし、止らぬ心を尊ぶなり、止まらぬ心は、色にも香にも移らぬ也、此移らぬ心の體を神とも祝ひ、佛とも尊び、禪心とも、極意とも、申候へども、思案して後に云ひ出し候へば、金言妙句にても、住地煩悩にて候、石火の機と申すも、ひかりとする電光のはやきを申し候、たとへば右衛門とよびかくると、あつと答ふるを、不動智と申し候、右衛門と呼びかけられて、何の用にてか有る可きなど、思案して、跡に何の用か抔いふ心は、住地煩悩にて候、止りて物に動かされ迷はさるゝ心を所住煩悩とて、凡夫にて候、又右衛門と呼ばれて、をつと答ふるは、諸佛智なり、佛と衆生と二つ無く、神と人と二つ無く候、此心の如くなるを、神とも佛とも申し候、神道歌道儒道とて、道多く候へども、皆この一心の明なる所を申し候、言葉にて心を講釈したぶんにては、この一心、人と我身にありて、晝夜善事悪事とも、業により、家を離れ國を亡し、其身の程々にしたがひ善し悪しともに、

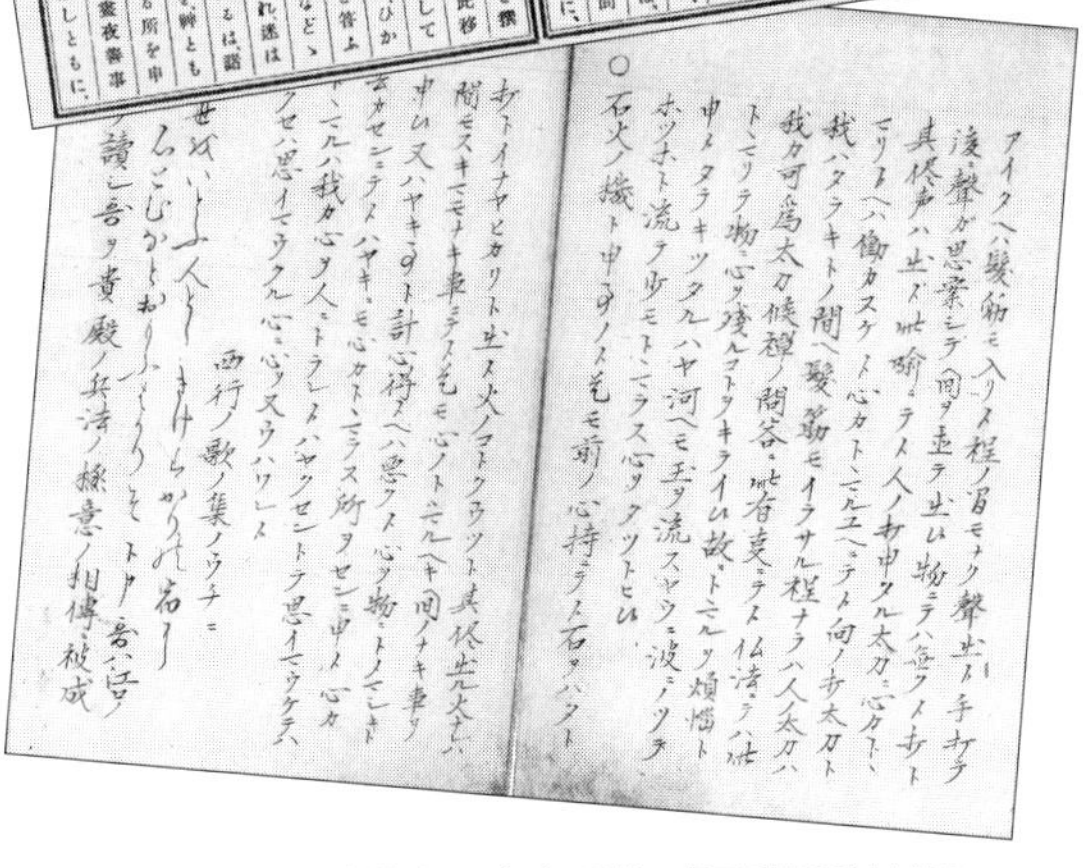

写真上：国立公文書館内閣文庫所蔵　『不動智神妙録』
写真下：国会図書館所蔵『不動智』

十　今この瞬間になりきれ

【原文】

石火之機《せっかのき》

と申《もう》す事《こと》の候《そうろう》。是《これ》も前《まえ》の心持《こころもち》にて候《そうろう》。石《いし》をハタと打《う》つや否《いな》や、光《ひかり》が出《い》で、打《う》つと其《その》まゝ出《いづ》る火《ひ》なれば、間《あいだ》も透間《すきま》もなき事《こと》にて候《そうろう》。是《これ》も心《こころ》の止《とどま》るべき間《あいだ》のなき事《こと》を申《もう》し候《そうろう》。早《はや》き事《こと》とばかり心得《こころえ》候《そうら》へば、悪敷候《あしくそうろう》。心《こころ》を物《もの》に止《とど》め間敷《まじく》と云《い》ふが詮《せん》にて候《そうろう》。早《はや》きにも心《こころ》の止《とどま》らぬ所《ところ》を詮《せん》に申《もう》し候《そうろう》。心《こころ》が止《とどま》れば、我心《わがこころ》を人《ひと》にとられ申《もう》し候《そうろう》。早《はや》くせんと思《おも》ひ設《もう》けて早《はや》くせば、思《おも》ひ設《もう》ける心《こころ》に、又心《またこころ》を奪《うば》はれ候《そうろう》。西行《さいぎょう》の歌集《かしゅう》に「世《よ》をいとふ人《ひと》とし聞《き》けはかりの宿《やど》に、心止《こころと》むなと思《おも》ふはかりぞ」と申《もう》す歌《うた》は、江口《えぐち》の遊女《ゆうじょ》のよみし歌《うた》なり。心《こころ》とむなと思《おも》ふはかりぞと云《い》ふ下句《しものく》の引合《ひきあわ》せは、兵法《へいほう》の至極《しごく》に當《あた》り可レ申候《もうすべくそうろう》。心《こころ》をとどめぬが肝要《かんよう》にて候《そうろう》。禅宗《ぜんしゅう》にて、如何《いかなるか》是佛《これほとけ》と問《と》ひ候《そうら》はゞ、拳《けん》をさしあぐべし。如何《いかなる》か佛法《ぶっぽう》の極意《ごくい》と問《と》はゞ、其聲未《そのこえいま》だ絶《た》たざるに、一枝《いっし》の梅花《ばいか》となりとも、庭前《ていぜん》の柏樹子《はくじゅし》となりとも答《こた》ふべし。其答話《そのとうわ》の善悪《よしあし》を撰《えら》ぶにてはなし。止《とどま》らぬ心《こころ》を尊《たっと》ぶなり。止《とど》まらぬ心《こころ》は、色《いろ》にも香《か》にも移《うつ》らぬ也《なり》。此移《このうつ》らぬ心《こころ》の體《たい》を神《かみ》とも祝《いわ》ひ、佛《ほとけ》とも尊《たっと》び、禅心《ぜんしん》とも、極意《ごくい》とも、申候《もうしそうらえ》へども、思案《しあん》して後《のち》に云《い》ひ出《だ》し候《そうら》へば、金言妙句《きんげんみょうく》にても、住地煩悩《じゅうちぼんのう》にて候《そうろう》。

【現代語訳】

「石火の機」というものがあります。これも前の意味と同じことです。石をカッと打つやいなや光が出ます。打つとそのまま火が出ますので、間も隙間もないということです。これも、心が止まりそうな間がないことを言っています。単に早いことと理解されたならば、それは違います。心をものに止めてはいけないというのが要点です。早いことにも心を止めないところが肝心だと言うことです。心が止まれば、自分の心は人に取られてしまいます。早くしようと思って早くすれば、思う心にまた心が奪われます。西行の歌集にある「世をいとふ 人とし聞けば かりの宿に 心止むなと 思うばかりぞ」という歌は、江口の遊女の読んだ歌です。「心止むなと 思うばかりぞ」という下の句のところは、兵法の極意に相当するでしょう。心を止めないことが肝要です。禅宗では、「仏とは何か」と問いましたら、拳を差し出すに違いありません。「仏法の極意とは何か」と問えば、その問う声がまだ終わらない前に、「一枝の梅花」であるとか「庭前の柏樹子」であると答えるに違いありません。その答えの善し悪しを考えるのではありません。止まらない心を尊ぶのです。止まらない心は、色にも香りにも移りません。この移らない心の様子を神と祝い、仏と尊び、禅心とも極意とも言うのですが、もし考えた後で言い出したなら、金言妙句も住地煩悩になります。

【解釈】

早くやろうとすると、結果的に早くできません。うまくやろうとすると、結果的にうまくできません。こうありたいという心が、今この瞬間に全身全力でやりきることを妨げます。その瞬間にやるべきことをただ全身全力でやりきれば、自然と早く、自然とうまくいきます。視点を変えれば、こうありたいとは、今現在そうなっていないことを意味します。すると、こうありたいという未来の理想に対して、現在の状態は負の価値を帯びます。心理学では、前者を「理想自己」、後者を「現実自己」と呼びます。理想自己と現実自己との間のズレ（不一致）は不快感を生むので、我々はこの不快感を解消しようとします。何かを達成したいという理想を持つことは大切であり、そのために我々は努力しようと動機づけられ、そこに到達しようと計画を立てます。しかし、いったん計画に従って努力を始めたら、理想のことは忘れて、その瞬間にやるべきことだけに全身全力で向かいます。未来を思えば、実現していない現在は、相対的に不快で苦しいでしょう。苦しいときほど長く感じます。時間感覚というのは、極めて心理的なものです。逆に、楽しいときは短く感じます。なぜなら、どこにも心がとらわれず、今ここになりきっているからです。

十一　直感を信じろ

【原文】

石火《せっか》の機《き》と申《もう》すも、ひかりとする電光《でんこう》のはやきを申《もう》し候《そうろう》。たとへば右衛門《うえもん》とよびかくると、あつと答《こた》ふるを、不動智《ふどうち》と申《もう》し候《そうろう》。右衛門《うえもん》と呼《よ》びかけられて、何《なん》の用《よう》にてか有《あ》る可《べ》きなど丶思案《しあん》して、跡《あと》に何《なん》の用《よう》か抔《など》いふ心《こころ》は、住地煩悩《じゅうちぼんのう》にて候《そうろう》。止《とど》まりて物《もの》に動《うご》かされ、迷《まよ》はさる丶心《こころ》を所住煩悩《しょじゅうぼんのう》とて、凡夫《ぼんぶ》にて候《そうろう》。又《また》右衛門《うえもん》と呼《よ》ばれて、をつと答《こた》ふるは、諸佛智《しょぶっち》なり。佛《ほとけ》と衆生《しゅじょう》と二《ふた》つ無《な》く。神《かみ》と人《ひと》と二《ふた》つ無《な》く候《そうろう》。此心《このこころ》の如《ごと》くなるを、神《かみ》とも佛《ほとけ》とも申《もう》し候《そうろう》。神道《しんとう》、歌道《かどう》、儒道《じゅどう》とて、道多《みちおお》く候《そうら》へども、皆《みな》この一心《いっしん》の明《あきらか》なる所《ところ》を申《もう》し候《そうろう》。

【現代語訳】

石火の機というのは、ピカッとする稲妻のような速さを言います。たとえば「右衛門」と呼びかけると「あっ」と答えるのを、不動智と言います。「右衛門」と呼びかけられて、何の用があるのだろうなどと考えて、その後に「何の用か」などと言う心は、住地煩悩なのです。ものに心が止まって動かされて迷わされる心を所住煩悩と言って、それが凡夫なのです。また、「右衛門」と呼ばれて「おっ」と答えるのが、諸仏智です。仏と衆生と二つあるのでもありません。このような心（不動智、諸仏智）のようになることを、神とも仏とも言うのです。神道や歌道や儒道など、道は多くありますが、どれもこの心を理解しようということを述べています。

【解釈】

人は普通、損をしたくないものです。だからつい、あれこれ思案します。しかし、そうして思案し過ぎて迷った挙げ句、結果的に損をすることがあります。逆に思案せず直感的に動いて、かえって得をしたりすることもあります。どんな場合もありうるので、思案するほうが良いか直感で動くほうが良いかを、簡単に断ずることはできません。ただ、人はさまざまな可能性を考慮できる高度な計算機械である一方、それ以前に肉と骨からなる生身の動物です。動物としての身体的な直感は、時として複雑な計算処理を超えた知を与えてくれます。このように、身体の状態が認知的な判断に影響を与えて最適解を導くという考えは、「ソマティック・マーカー仮説」として知られています。人以外の動物は、立ち止まってあれこれ損得を勘定して生きていません。だから、損をしたくなければ、むしろ計算高い損得勘定はしないほうが良いでしょう。動物的な瞬間的直感を鋭敏に感じ取り、それに疑念を挟まず従うことで道が拓けます。こうした直感的で微妙な身体感覚は「フェルトセンス」や「センシエント」と呼ばれていて、心理臨床の場面でもしばしば取り上げられます。立ち止まって考える余裕があれば、あれこれ考えてみることもまた必要です。ただ、真の答えはおそらく、人間的な思案や理屈にではなく、動物的な直感や感覚にこそあります。

十二　実践あるのみ

【原文】

言葉《ことば》にて心《こころ》を講釋《こうしやく》したぶんにては、この一心《いつしん》、人《ひと》と我身《わがみ》にありて、晝夜善事惡事《ちゆうやぜんじあくじ》とも、業《ごう》により、家《いえ》を離《はな》れ國《くに》を亡《ほろぼ》し、其身《そのみ》の程々《ほどほど》にしたがひ、善《よ》し惡《あ》しともに、心《こころ》の業《ごう》にて候《そうら》へども、此心《このこころ》を如何《いか》やうなるものぞと、悟《さと》り明《あき》らむる人《ひと》なく候《そうろう》て、皆《みな》心《こころ》に惑《まどわ》され候《そうろう》。世《よ》の中《なか》に、心《こころ》も知《し》らぬ人《ひと》は可レ有候《あるべくそうろう》。能《よ》く明《あきら》め候人《そうろうひと》は、稀《まれ》にも有《あ》りがたく見及《みおよ》び候《そうろう》。たまたま明《あきら》め知《し》る事《こと》も、また行《おこな》ひ候事成《そうろうことな》り難《がた》く、此一心《このいっしん》を能《よ》く説《と》くとて、心《こころ》を明《あきら》めたるにてはあるまじく候《そうろう》。水《みず》の事《こと》を講釋致《こうしやくいた》し候《そうろう》とても、口《くち》はぬれ不レ申候《もうさずそうろう》。火《ひ》を能《よ》く説《と》くとも、口《くち》は熱《あつ》からず。誠《まこと》の水《みず》、誠《まこと》の火《ひ》に觸《ふ》れてならでは知《し》れぬもの也《なり》。書《しょ》を講釋《こうしゃく》したるまでにては、知《し》れ不レ申《もうさず》候《そうろう》。食物《しょくもつ》をよく説《と》くとても、ひだるき事《こと》は直《なお》り不レ申《もうさず》候《そうろう》。説《と》く人《ひと》の分《ぶん》にては知《し》れ申《もう》す間敷《まじく》候《そうろう》。世《よ》の中《なか》に、佛道《ぶつどう》も儒道《じゅどう》も心《こころ》を説《と》き候得共《そうらえども》、其説《そのと》く如《ごと》く、其人《そのひと》の身持《みもち》なく候《そうろう》心《こころ》は、明《あきらか》に知《し》らぬ物《もの》にて候《そうろう》。人々我身《ひとびとわがみ》にある一心本來《いっしんほんらい》を篤《とく》と極《きわ》め悟《さと》り候《そうら》はねば不レ明候《あかるからずそうろう》。又參學《またさんがく》をしたる人《ひと》の心《こころ》が明《あきら》かならぬは、參學《さんがく》する人《ひと》も多《おお》く候《そうら》へども、それにもよらず候《そうろう》。參學《さんがく》したる人《ひと》、心持皆々惡敷候《こころもちみなみなあしくそうろう》。此一心《このいっしん》の明《あき》めやうは、深《ふか》く工夫《くふう》の上《うえ》より出《い》で可レ申候《もうすべくそうろう》。

【現代語訳】

言葉でもって心を解説するだけですと、この心というのは人の体に備わるものであり、昼も夜も善いことも悪いことも業によるのであり、家を失ったり国が亡んだり、身の程によって善くなったり悪くなったりするのも心の業なのですが、こうした心とはいったい、どのようなものなのかということを、はっきり理解している人がいませんので、誰もが心に惑わされるのです。世の中には、心を知らない人もいるでしょう。よく理解している人も、まれにしか見かけません。たまたま理解したとしても、これを実行することは難しく、この心をよく説明できても、心がはっきりわかっているわけではないでしょう。水のことを解説いたしましても、口は濡れません。火のことをよく説明しても、口は熱くありません。本当の水や本当の火に触れなければ、わからないのです。字で説明しただけでは、わかりません。食べ物のことをよく説明しても、ひもじさはおさまりません。説明するだけでは、わかるはずがないのです。世の中では、仏道も儒道も心を説明しますが、それらが説明しますように、その人にとって実体験のない心では、はっきりとわからないものなのです。人それぞれ自分の体に備わるこの心の本質をしっかりと理解し尽くさなければ、はっきりしないものなのです。また、仏道を学んでいる人が心をはっきりわかっていないのは、学んでいる人も多くいるのに、学ぶだけではだめなのです。学んでいる人の心持ちがどれもまずいのです。この心がはっきりわかるのは、深く工夫した先に生じると言ってよいでしょう。

【解釈】

心の探究という実践を伴わないで心を語る人の言説は、軽いにちがいありません。心について語るうえで必要なのは、心を徹底的に実践することだと、沢庵は言っています。道元の言葉で言えば、「仏道をならふといふは、自己をならふなり」です。心あるいは私を徹底的に観察する。そういう実践をし続けることで、心が少しずつわかっていきます。そして同時に、心が少しずつわからなくもなっていきます。これは武術の修行とまったく同じです。武術は、強くなろうと稽古すればするほど弱くなります。探求するたびにその深みは増していきます。そして、自分がいかに弱いかわかっていないことが、わかるようになります。こうして終わりなく徹底的に習い続け、探求し続けることが武術の修行という営みであり、そのなかでやがて私という在り様を少しずつ体感していきます。それは禅の修行そのものであり、だからこれを武の道、すなわち「武道」と言います。心も武術も実践しないとわかりませんが、実践するほどわからなくなります。だからどちらも、実践する人ほど軽々しく語らなくなります。

第五部　心の置所

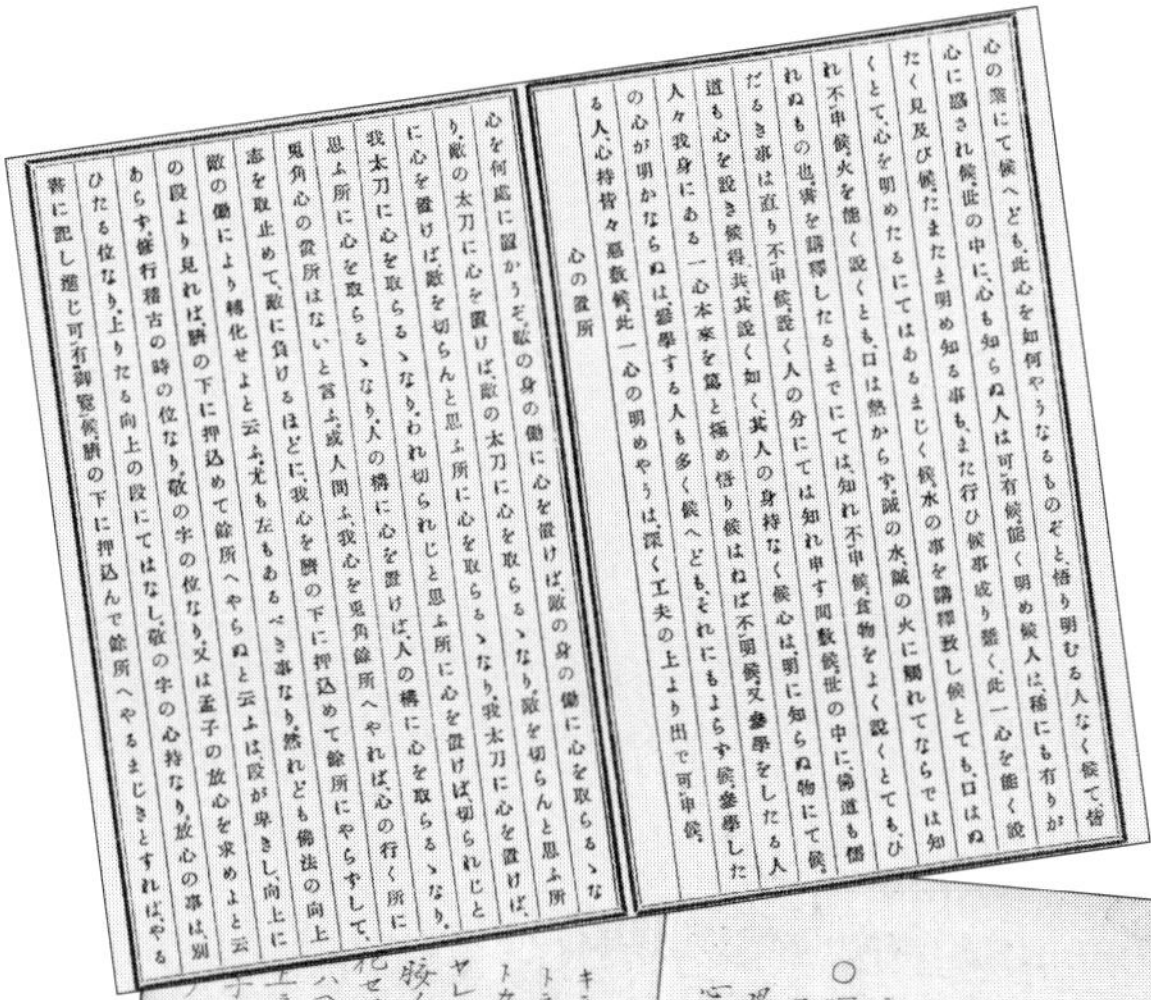

心の業にて候へども、此心を如何やうなるものぞと悟り明むる人なく候て皆心に惑され候、世の中に、心も知らぬ人は可有候、能く明め候人は稀にも有りがたく見及び候、たまたま明め知る事も、また行ひ候事成り難く、此一心を能く説くとて、心を明めたるにてはあるまじく候、水の事を講釋致し候とても、口はぬれ不申候、火を能く說くとも、口は熱からず、誠の水、誠の火に觸れてならでは知れぬもの也、書を講釋したるまでにては知れ不申候、食物をよく說くとても、ひだるき事は直り不申候、說く人の分にては知れ申す間敷候、世の中に、儒道も佛道も心を說き候得共、其說く如く、其人の身持なく候、心は明に知らぬ物にて候、人々我身にある一心本来を窮と極め悟り候はねば不明候、又参學をしたる人の心が明かならぬは、参學する人も多く候へども、それにもよらず候、参學したる人、心持皆々惡敷候、此一心の明めやうは、深く工夫の上より出で可申候、

心の置所

心を何處に置かうぞ、敵の身の働に心を置けば、敵の身の働に心を取らるゝなり、敵の太刀に心を置けば、敵の太刀に心を取らるゝなり、敵を切らんと思ふ所に心を置けば、敵を切らんと思ふ所に心を取らるゝなり、我太刀に心を置けば、我太刀に心を取らるゝなり、われ切られじと思ふ所に心を置けば切られじと思ふ所に心を取らるゝなり、人の構に心を置けば、人の構に心を取らるゝなり、兎角心の置所はないと言ふ、或人問ふ、我心を兎角餘所へやれば、心の行く所に志を取止めて、敵に負けるほどに、我心を臍の下に押込めて餘所にやらずして、敵の働により轉化せよと云ふ、尤も左もあるべき事なり、然れども佛法の向上の段より見れば、臍の下に押込めて餘所へやらぬと云ふは、段が卑きし、向上にあらず、修行稽古の時の位なり、敬の字の位なり、又は孟子の放心を求めよと云ひたる位なり、上りたる向上の段にてはなし、敬の字の心持なり、放心の事は別書に記し進じ可有御覧候、臍の下に押込んで餘所へやるまじきとすれば、やる

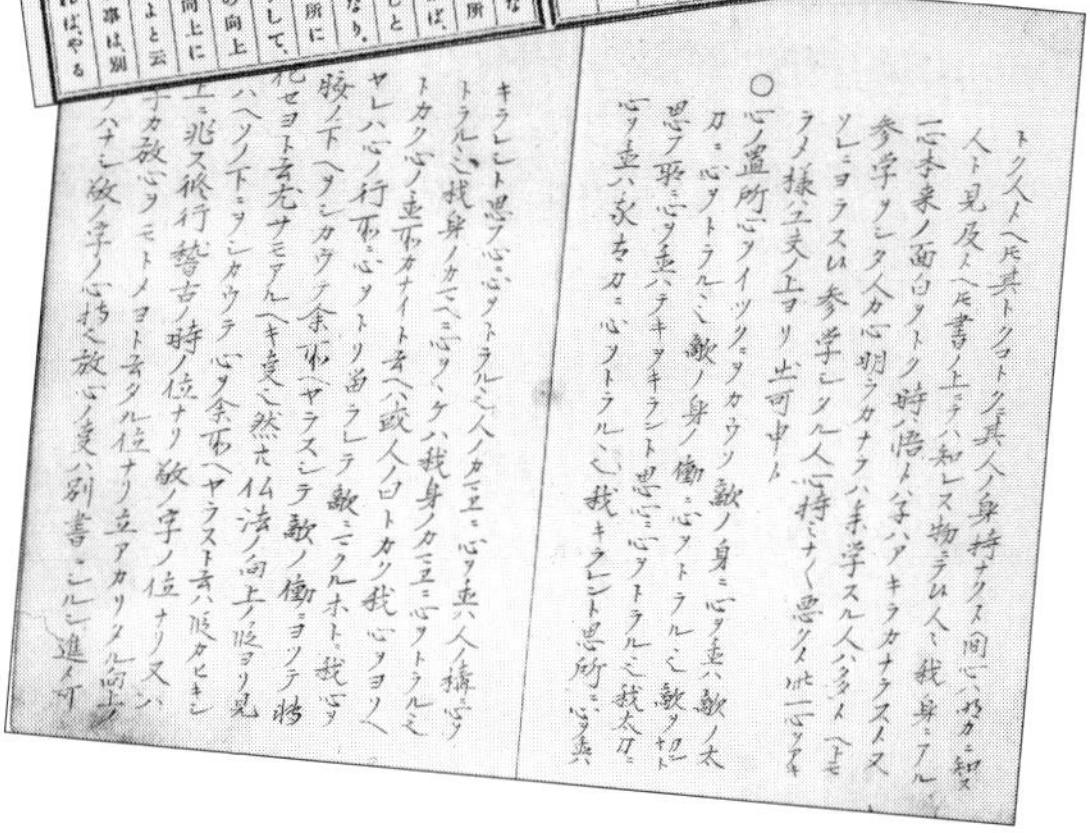

写真上：国立公文書館内閣文庫所蔵　『不動智神妙録』
写真下：国会図書館所蔵『不動智』

十三　心はどこにも置くな

【原文】

心《こころ》の置所《おきどころ》

心《こころ》を何處《いずこ》に置《お》かうぞ。敵《てき》の身《み》の働《はたらき》に心《こころ》を置《お》けば、敵《てき》の身《み》の働《はたらき》に心《こころ》を取《と》らるゝなり。敵《てき》の太刀《たち》に心《こころ》を置《お》けば、敵《てき》の太刀《たち》に心《こころ》を取《と》らるゝなり。敵《てき》を切《き》らんと思《おも》ふ所《ところ》に心《こころ》を置《お》けば、敵《てき》を切《き》らんと思《おも》ふ所《ところ》に心《こころ》を取《と》らるゝなり。我太刀《わがたち》に心《こころ》を置《お》けば、我太刀《わがたち》に心《こころ》を取《と》らるゝなり。われ切《き》られじと思《おも》ふ所《ところ》に心《こころ》を置《お》けば、切《き》られじと思《おも》ふ所《ところ》に心《こころ》を取《と》らるゝなり。人《ひと》の構《かまえ》に心《こころ》を置《お》けば、人《ひと》の構《かまえ》に心《こころ》を取《と》らるゝなり。兎《と》角心《かくこころ》の置所《おきどころ》はないと言《い》ふ。或人《あるひと》問《と》ふ、我心《われこころ》を兎角餘所《とかくよそ》へやれば、心《こころ》の行《ゆ》く所《ところ》に志《こころざし》を取止《とりとど》めて、敵《てき》に負《ま》けるほどに、我心《わがこころ》を臍《へそ》の下《した》に押込《おしこ》めて餘所《よそ》にやらずして、敵《てき》の働《はたらき》により轉化《てんか》せよと云《い》ふ。尤《もつと》も左《さ》もあるべき事《こと》なり。然《しか》れども佛法《ぶつぽう》の向《こう》上《じょう》の段《だん》より見《み》れば、臍《へそ》の下《した》に押込《おしこ》めて餘所《よそ》へやらぬと云《い》ふは、段《だん》が卑《ひ》きし、向《こう》上《じょう》にあらず。修行稽古《しゅぎょうけいこ》の時《とき》の位《くらい》なり。敬《けい》の字《じ》の位《くらい》なり。又《また》は孟子《もうし》の放心《ほうしん》を求《もと》めよと云《い》ひたる位《くらい》なり。上《のぼ》りたる向上《こうじょう》の段《だん》にてはなし。敬《けい》の字《じ》の心持《こころもち》なり。放心《ほうしん》の事《こと》は、別書《べっしょ》に記《しる》し進《しん》じ可レ有二御覧一候《ごらんあるべくそうろう》。臍《へそ》の下《した》に押込《おしこ》んで餘所《よそ》へやるまじきとすれば、やるまじと思《おも》ふ心《こころ》に、心《こころ》を取《と》られて、先《さき》の用《よう》かけ、殊《こと》の外不自由《ほかふじゆう》になるなり。

【現代語訳】

心をどこに置いたらよいでしょうか。敵の身体の動きに心を置けば、敵の身体の動きに心を取られます。敵の太刀に心を置けば、敵の太刀に心を取られます。敵を切ろうと思うところに心を置けば、敵を切ろうと思うところに心を取られます。自分の太刀に心を置けば、自分の太刀に心を取られます。切られまいと思うところに心を置けば、切られまいと思うところに心を取られます。相手の構えに心を置けば、相手の構えに心を取られます。とにかく心の置きどころはないということです。これをある人が問うと、「自分の心をとにかくどこかへやってしまうと、その心の行くところに気持ちが取られて止まってしまい、敵に負ける。だから、自分の心を臍の下に押し込んでおいてどこかへやらないようにして、敵の動きに応じろ」と言われたりします。もっとも、それもありでしょう。しかし、仏法の最高の境地から見ますと、臍の下に押し込んでどこかへやらないというのは、段階が低く、最高の境地ではありません。修行稽古のときの水準です。敬の字の水準です。または、孟子の「放心を求めよ」と言われる水準です。上りきった最高の境地ではありません。敬の字の心情です。放心については、別のところで書いて進ぜますので、ご覧いただけますでしょう。臍の下に押し込んでどこかへやるまいとすれば、やるまいと思う心に心が取られて、次に役立たず、思った以上に不自由になります。

【解釈】

意思でもって心を制御しようとするのは、想像以上に難しいものです。たとえば、考えたくない思考や感情を心の中から無理矢理押し出そうとすればするほど、皮肉にも考えてしまいます。これを「逆説的効果」と言います。そうして悪戦苦闘するかと思えば、気がつくと知らぬ間に、我々の心はその場と関係のないことをあれこれ考え始めます。これを「マインドワンダリング」と呼びます。マインドフルネス瞑想とは集中力と観察力を養うことで、勝手に駆け回る心と上手に付き合うための術です。まず呼吸の一点に意識を向け続けて、集中力を身につけます。さまよいに気づいたら再び呼吸に戻ります。これによって徐々に心がさまよいにくくなったり、嫌な思考や感情が勝手に消えていったりします。しかし、これはあくまで瞑想修行の前半です。集中力を身につけたら、徐々に一点集中からその観察対象を身体全体へと拡げていきます。やがて、その場をも含む世界全体を見渡す俯瞰的な視野を得ます。この集中と観察こそが、修行者の生を豊かにするのです。

十四　自在な手足を持て

【原文】

或人《あるひと》問ふて云《い》ふは、心《こころ》を臍《へそ》の下《した》に押込《おしこ》んで働《はたら》かぬも、不自由《ふじゆう》にして用《よう》が欠《か》けば、我身《わがみ》の内《うち》にして何処《いずこ》にか心《こころ》を可レ置《おくべき》ぞや。答《こた》へて曰《いわ》く、右《みぎ》の手《て》に置《お》けば、右《みぎ》の手《て》に取《と》られて身《み》の用《よう》欠《か》けるなり。心《こころ》を眼《め》に置《お》けば、眼《め》に取《と》られて、身《み》の用《よう》欠《か》け申《もうし》候《そうろう》。右《みぎ》の足《あし》に心《こころ》を置《お》けば、右《みぎ》の足《あし》に心《こころ》を取《と》られて、身《み》の用《よう》欠《か》けるなり。何処《いずこ》なりとも、一所《ひとところ》に心《こころ》を置《お》けば、餘《よ》の方《ほう》の用《よう》は皆《みな》欠《か》けるなり。然《しか》らば則《すなわ》ち心《こころ》を何処《いずこ》に置《お》くべきぞ。我答《われこた》へて曰《いわ》く、何処《いずこ》にも置《お》かねば、我身《わがみ》に一《いっ》ぱいに行《ゆき》わたりて、全《ぜん》體《たい》に延《の》びひろごりてある程《ほど》に、手の入《い》る時《とき》は、手《て》の用《よう》を叶《かな》へ、足《あし》の入《い》る時《とき》は、足《あし》の用《よう》を叶《かな》へ、目《め》の入《い》る時《とき》は、目《め》の用《よう》を叶《かな》へ、其入《そのい》る所々《ところどころ》に行《ゆ》きわたりてある程《ほど》に、其入《そのい》る所々《ところどころ》の用《よう》を叶《かな》ふるなり。萬一《まんいち》もし一所《ひとところ》に定《さだ》めて心《こころ》を置《お》くならば、一所《ひとところ》に取《と》られて用《よう》は缺《か》くべきなり。思案《しあん》すれば思案《しあん》に取《と》らるゝ程《ほど》に、思案《しあん》をも分別《ぶんべつ》をも残《のこ》さず、心《こころ》をば總身《そうみ》に捨《す》て置《お》き、所々止《ところどころとど》めずして、其所々《そのところどころ》に在《あり》て用《よう》をば外《はず》さず叶《かな》ふべし。

【現代語訳】

ある人が問いかけて、「心を臍の下に押し込んでもうまくいかなくて、不自由で役に立たなければ、自分の中のどこに心を置いたらよいのでしょう」と言いました。私は答えとして、「右の手に置けば、右の手に気を取られて身体の働きが損なわれます。心を眼に置けば、眼に気を取られて、身体の働きが損なわれるというものです。右の足に心を置けば、右の足に気を取られて、身体の働きが損なわれます。どこであっても、一箇所に心を置けば、その他の機能は全部損なわれます」と言いました。「それでは結局、心をどこに置くべきでしょうか」と問うので、私は、

「どこにも置かないで、自分の身体いっぱいに行き渡らせて、全体に延び拡げるようにして、手が必要なときは手が役立つように、足が必要なときは足が役立つように、眼が必要なときは眼が役立つように、そのときに必要なところに行き渡るようにして、そのときに必要なところが役立つようにするのです」と答えました。もし万が一、一箇所に決めて心を置くと、一箇所に気を取られて働きが損なわれるでしょう。考えれば考えに気が取られるので、思考も判断もせず、心を全身に捨てて、ところどころに止めないようにしつつ、そのところどころに在《あ》って確実に役立つようにするのがよいのです。

【解釈】

心をどこか一点に止めず、広い視野と柔らかい足腰を持つ。これはなにも敵と対峙した戦いの場のみに限りません。日常生活や仕事の場でも、その場の状況を取り巻くさまざまな物事や人間関係への目配りを怠らないことが大切です。もちろん、余所事《よそごと》に気を取られず、今まさに目の前のやるべきことに集中することが第一です。ただ、そうありつつも、そこからまったく離れられなくなってはいけません。それは「居着《いつ》き」と呼ばれ、武術では戒められます。注意が固着してしまって、制御できていないのと同じです。そうではなく、注力すべきところに集中しつつも常に鳥瞰的な感度は保ち、何かあればいつでもそこを離脱できる用意をしておきます。つまり、いつでも注意を転換できなければなりません。事も人も、さまざまな何かとつながり、常に変化しています。想像力と感受性でもって、できる限り場を広くとらえ、つながりと変化を見極めます。もちろん、うまくいかないことも、失敗することもあります。しかしそれでも広い視野と柔らかい足腰を保てば、事態はやがて好転するにちがいありません。下手や失敗を悔い続けることもまた、一つの「居着き」です。

十五　全身を意識せよ

【原文】

心《こころ》を一所《ひとところ》に置《お》けば、偏《へん》に落《おつ》ると云《い》ふなり。偏《へん》とは一方《いっぽう》に片付《かたづ》きたる事《こと》を云《い》ふなり。正《しょう》とは何處《いずこ》へも行《い》き渡《わた》つたる事《こと》なり。正心《しょうしん》とは總身《そうみ》へ心《こころ》を伸《の》べて、一方《いっぽう》へ付《つ》かぬを言《い》ふなり。心《こころ》の一處《ひとところ》に片付《かたづ》きて、一方欠《いっぽうか》けるを偏心《へんしん》と申《もう》すなり。偏《へん》を嫌《きら》ひ申《もう》し候《そうろう》。萬事《ばんじ》にかたまりたるは、偏《へん》に落《おつ》るとて、道《みち》に嫌《きら》ひ申《もう》す事《こと》なり。何處《いずこ》に置《お》かうとて、思《おも》ひなければ、心《こころ》は全體《ぜんたい》に伸《の》びひろごりて行《い》き渡《わた》りて有《あ》るものなり。

心《こころ》をば何處《いずこ》にも置《お》かずして、敵《てき》の働《はたらき》によりて、當座々々《とうざとうざ》、心《こころ》を其所々《そのところどころ》にて可二用心一歟《ようじんすべきか》。總身《そうみ》に渡《わた》つてあれば、手《て》の入《い》る時《とき》には手《て》にある心《こころ》を遣《つか》ふべし。足《あし》の入《い》る時《とき》には足《あし》にある心《こころ》を遣《つか》ふべし。一所《ひとところ》に定《さだ》めて置《お》きたらば、其置《そのお》きたる所《ところ》より引出《ひきだ》し遣《や》らんとする程《ほど》に、其處《そこ》に止《とど》りて用《よう》が抜《ぬ》け申《もう》し候《そうろう》。心《こころ》を繋《つな》ぎ猫《ねこ》のやうにして、餘處《よそ》にやるまいとて、我身《わがみ》に引止《ひきとど》めて置《お》けば、我身《わがみ》に心《こころ》を取《と》らるゝなり。身《み》の内《うち》に捨《す》て置《お》けば、餘處《よそ》へは行《ゆ》かぬものなり。唯一所《ただひとところ》に止《とど》めぬ工夫《くふう》、是《こ》れ皆修業《みなしゅぎょう》なり。心《こころ》をばいつこにもとめぬが、眼《がん》なり、肝要《かんよう》なり。いつこにも置《お》かねば、いつこにもあるぞ。心《こころ》を外《そと》へやりたる時《とき》も、心《こころ》を一方《いっぽう》に置《お》けば、九方《くほう》は缺《か》けるなり。心《こころ》を一方《いっぽう》に置《お》かざれば、十方《じっぽう》にあるぞ。

【現代語訳】

心を一箇所に置けば偏に落ちる、と言います。偏とは、一方に片寄ることを指しています。正とはどこにも行き渡っていることです。正心とは、全身に心を拡げて、一方に片寄らないことを言っています。心が一箇所に片寄って、もう一方が欠けることを偏心と言います。偏を嫌うということです。何事においても固まってしまうのは、偏に落ちるということで、仏道では嫌うということです。どこに置こうという思いがなければ、心は全体に拡がって行き渡るものです。心をどこにも置かず、敵の動きに応じて、その都度その都度、その場所その場所で心を用いるべきではないでしょうか。全身に行き渡っていれば、手が必要なときには手にある心を使うのがふさわしいでしょう。足が必要なときには足にある心を使うのがよいでしょう。一箇所に決めて心を置いてしまうと、その置いているところから引き出して使おうとするので、そこに心が止まってしまって役に立たないということです。ひもでつないだ猫のように、心をどこかにやるまいとして自分の身体に引き留めておくと、自分の身体に心を取られることになります。身体の中に捨てておけば、どこかに行くことはありません。ただ一箇所に止めない工夫こそ、修業のすべてです。心をどこにも止めないことが、眼目であり、肝要です。どこにも置かなければ、どこにでもあります。心を外に向かって使うときも、心を一方に置けば、他の九方は欠けてしまいます。心を一方に置かなければ、十方にあるのです。

【解釈】

武術というのは、形（型）を練ることが稽古の本体です。形を練ることで、古《いにしえ》の偉大なる武人たちの身体を今この瞬間に再体験しながら、我が身を武術的身体へと変えていくのが武術本来の修行です。このなかで、たとえば、拳で突く動作をするときに拳にだけ意識を向けてはいけません。突くという動作は、足先から頭の先まで全身が全体として動作してはじめて成立します。こうして全身を意識し、連動する身体を感じながら練ることで、突きが一つの修行となります。形には、その連動性のメカニズムが詰まっています。形は古《いにしえ》の武人による身体知の結晶であり、これを丁寧に象《かたど》ることで武術的身体となっていきます。だから稽古では、内なる身体という宇宙へと意識を向けます。どこにも意識を止めることなく、かつ、どこにも意識を向けていきます。こういう稽古を地道に続けることで、やがて自然に、意識が凝《こ》らない柔らかな状態になっていきます。すると、日常生活も同じく、意識の凝らない柔らかな心持ちになっていきます。武道とは本来、こういう営みのことを指します。

第六部　本心妄心

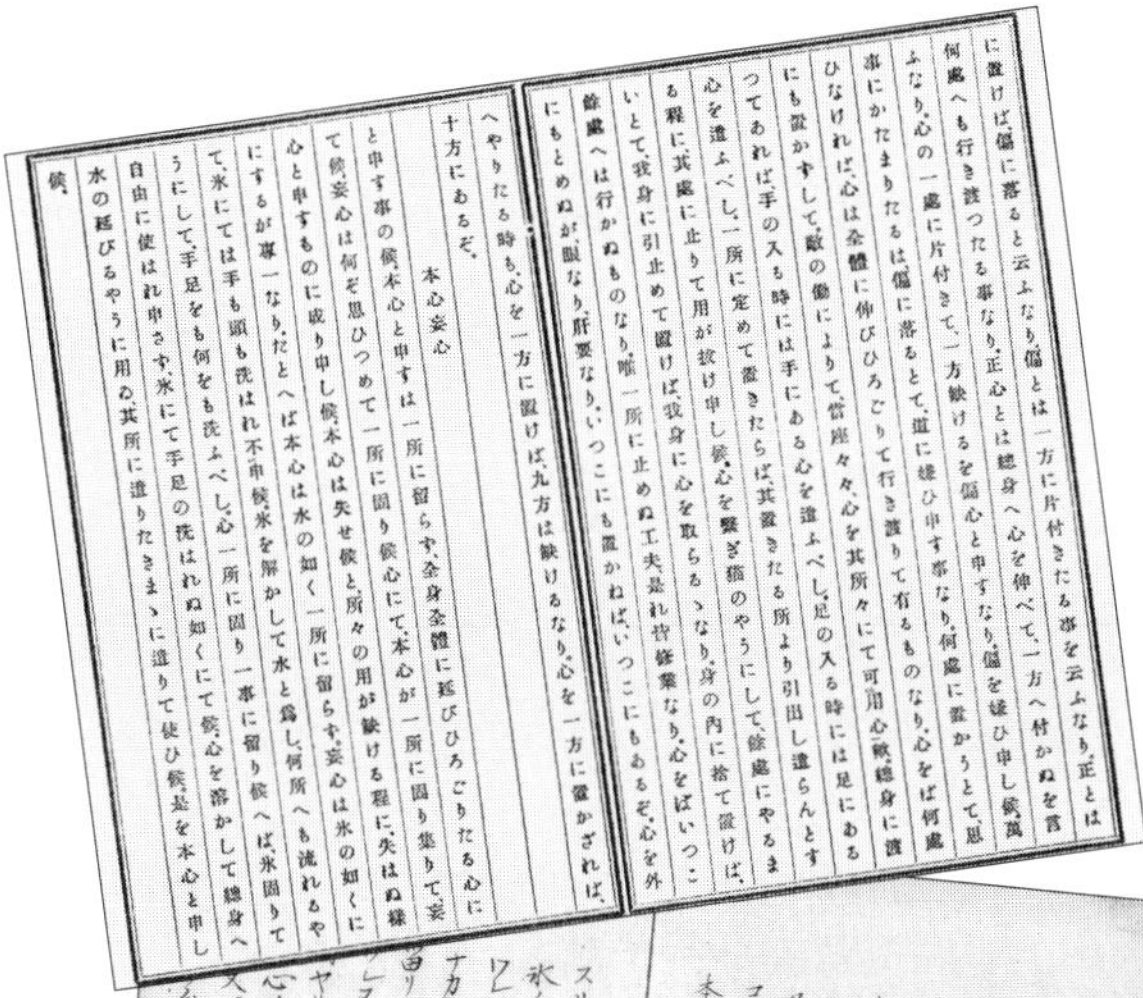

に置けば、偏に落ると云ふなり。偏とは一方に片付きたる事を云ふなり。正とは何處へも行き渡つたる事なり。正心とは總身へ心を伸べて、一方へ付かぬを言ふなり。心の一處に片付きて、一方缺けるを偏心と申すなり。偏を嫌ひ申し候。萬事にかたまりたるは偏に落るとて、道に嫌ひ申す事なり。何處に置かうとて、思ひなければ、心は全體に伸びひろごりて行き渡りて有るものなり。心をば何處にも置かずして、敵の働によりて、當座々々、心を其所々にて可用心歟。總身に渡つてあれば、手の入る時には手にある心を遣ふべし。足の入る時には足にある心を遣ふべし。一所に定めて置きたらば、其置きたる所より引出し遣らんとする程に、其處に止りて用が拔け申し候。心を繋ぎ猫のやうにして、餘處にやるまいとて、我身に引止めて置けば、我身に心を取らるゝなり。身の内に捨て置けば、餘處へは行かぬものなり。唯一所に止めぬ工夫、是れ皆修業なり。心をばいつこにもとめぬが眼なり、肝要なり。いつこにも置かねば、いつこにもあるぞ。心を外へやりたる時も、心を一方に置けば、九方は缺けるなり。心を一方に置かざれば、十方にあるぞ。

本心妄心

本心妄心と申す事の候。本心と申すは一所に留らず、全身全體に延びひろごりたる心にて候。妄心は何ぞ思ひつめて一所に固り候心にて、本心が一所に固り集りて、妄心と申すものに成り申し候。本心は失せ候と、所々の用が缺ける程に、失はぬ樣にするが專一なり。たとへば本心は水の如く一所に留らず。妄心は氷の如くにて、氷にては手も頭も洗はれ不申候。氷を解かして水と爲し、何所へも流れるやうにして、手足をも何をも洗ふべし。心一所に固り一事に留り候へば、氷固りて自由に使はれ申さず、氷にて手足の洗はれぬ如くにて候。心を溶かして總身へ水の延びるやうに用ゐ、其所に遣りたきまゝに遣りて使ひ候。是を本心と申し候。

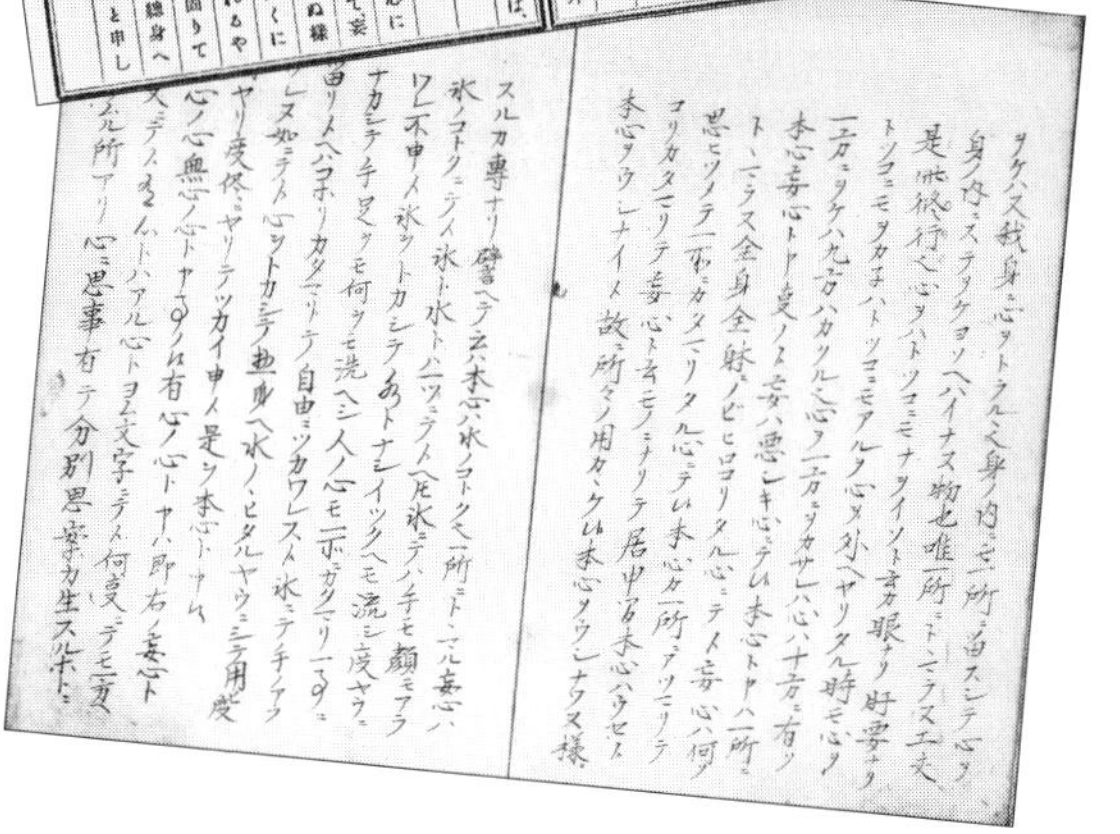

ツケハ、我身ニ心ヲトラルヽ、身ノ内ニモ一所ニ留メステ心ヲ身ノ内ニステヽツケヨソヘハイナヌ物也。唯一所ニトヽメヌ工夫、是皆修行。心ヲハトツコニモナツイソトヲカ眼ナリ肝要ナリ。トツコニモツカネハトツコニモアル心ヲ外ヘヤリタル時モ心ヲ一方ニツケハ九方ハカクル。心ヲ一方ニツカサレハ心ハ十方ニ有リ。本心妄心トヤ云ノ又妄ハ悪シキ心ニテ本心トヤハ一所ニトヽマラス全身全躰ニノビヒロガリタル心ニテ又妄心ハ何ゾ思ヒツメテ一所ニカタマリタル心ニテ本心ガ一所ニアツマリテコリカタマリテ妄心ト云モノニナリテ居申候。本心ハウセナイ故ニ所々ノ用カヽクル。本心ウセナクヌ様スルカ専ナリ。譬ヘテ云ハ本心ハ水ノコトク一所ニトヽマル。妄心ハ氷ノコトクニテ氷ト水トハ一ツニテ氷ヘテハ手モ顔モアラワレ不申候。氷ヲトカシテ水トナシイツクヘモ流シ度サウニナカシテ手足ヲモ何ヲモ洗ヘシ。人ノ心モ一所ニカタマリ一ツニ留リ候ヘハコホリカタマリテ自由ニツカワレス氷ニテ手ノアラワレヌ如ニテ候。心ヲトカシテ總身ヘ水ノヒタルヤウニシテ用度ヤリ度候ニヤリテツカイ申候。是ヲ本心ト申候。心ノ心無心ノ心トナラフ有心ノ心トヤハ即右ノ妄心ト同事ニテ候。有心トハアル心トヨム文字ニテ何事ニテモ一方ヘ思所アリ。心ニ思事有テ分別思案カ生スル程ニ

写真上：国立公文書館内閣文庫所蔵　『不動智神妙録』
写真下：国会図書館所蔵『不動智』

十六　水のごとくあれ

【原文】

本心《ほんしん》妄心《もうしん》

と申《もう》す事《こと》の候《そうろう》。本心《ほんしん》と申《もう》すは一所《ひとところ》に留《とどま》らず、全身全體《ぜんしんぜんたい》に延《の》びひろごりたる心《こころ》にて候《そうろう》。妄心《もうしん》は何《なん》ぞ思《おも》ひつめて一所《ひとところ》に固《かたま》り候《そうろう》心《こころ》にて、本心《ほんしん》が一所《ひとところ》に固《かたま》り集《あつま》りて、妄心《もうしん》と申《もう》すものに成《な》り申《もう》し候《そうろう》。本心《ほんしん》は失《う》せ候《そうろう》と、所々《ところどころ》の用《よう》が缺《か》ける程《ほど》に、失《うしな》はぬ様《よう》にするが専一《せんいつ》なり。たとへば本心《ほんしん》は水《みず》の如《ごと》く一所《ひとところ》に留《とどま》らず。妄心《もうしん》は氷《こおり》の如《ごと》くにて、氷《こおり》にては手《て》も頭《あたま》も洗《あら》はれ不レ申候《もうさずそうろう》。氷《こおり》を解《と》かして水《みず》と爲《な》し、何所《いずこ》へも流《なが》れるやうにして、手足《てあし》をも何《なに》をも洗《あら》ふべし。心《こころ》一所《ひとところ》に固《かたま》り一事《ひとつこと》に留《とどま》り候《そうら》へば、氷固《こおりかたま》りて自由《じゆう》に使《つか》はれ申《もう》さず、氷《こおり》にて手足《てあし》の洗《あら》はれぬ如《ごと》くにて候《そうろう》。心《こころ》を溶《と》かして總身《そうみ》へ水《みず》の延《の》びるやうに用《もち》ゐ、其所《そこ》に遣《や》りたきまゝに遣《や》りて使《つか》ひ候《そうろう》。是《これ》を本心《ほんしん》と申《もう》し候《そうろう》。

【現代語訳】

「本心妄心」と言うものがあります。本心と言いますのは、一箇所に止まらずに、身体全体に延び拡がった心のことです。妄心は何かを思い詰めて一箇所に固まっている心のことで、本心が一箇所に固まり集まると、妄心というものになるということです。本心を失いますと、部分部分で働きが損なわれるので、失わないようにするのが大切です。たとえば、本心は水のように一箇所に止まりません。妄心は氷のようなものであり、氷では手も頭も洗うことができません。氷を解かして水にして、どこにでも流れるようにしてはじめて、手足でも何でも洗えるのです。心が一箇所に固まって、一つのことに止まってしまいますと、氷のように固まってしまって自由に使えません。氷では手足が洗えないようにです。心を解かして全身に水が延び拡がるように用い、そこに流したいと思うままに流して使うのです。これを本心と言います。

【解釈】

道家（老荘思想）の極意は水です。なぜなら、水はタオ（道）に最も近いからです。どんなところへも流れていき、何かがあれば柔らかく変化して躱《かわ》していきます。しかし、いったん塊となれば強大な力を瞬間的に発揮し、また、一滴一滴の力は長い年月をかけて固い岩をも穿《うが》ちます。山の小さな泉は川となり、やがて大きな海へと至ります。さらには、環境に応じて、液体にも固体にも気体にもなります。臨機応変・自由自在に変化して、いついかなる状況にもしなやかに対応します。沢庵の説くところでは、水は水でも、氷（固体）のままではいけません。氷のままでは固まってしまって、いざというときに身動きが取れないからです。だから液体である水のごとく、千変万化な状況に応じる心が、仏家・禅家の狙うところとなります。もっと広く言えば、水でも氷でも水蒸気でも、環境に応じて在《あ》れば何だってよいでしょう。何かである必要はありません。何かであらねばならないと思う心もまた、我々を居着かせます。そこをも離れてこそ、本当の無為自然です。

第七部　有心之心、無心之心

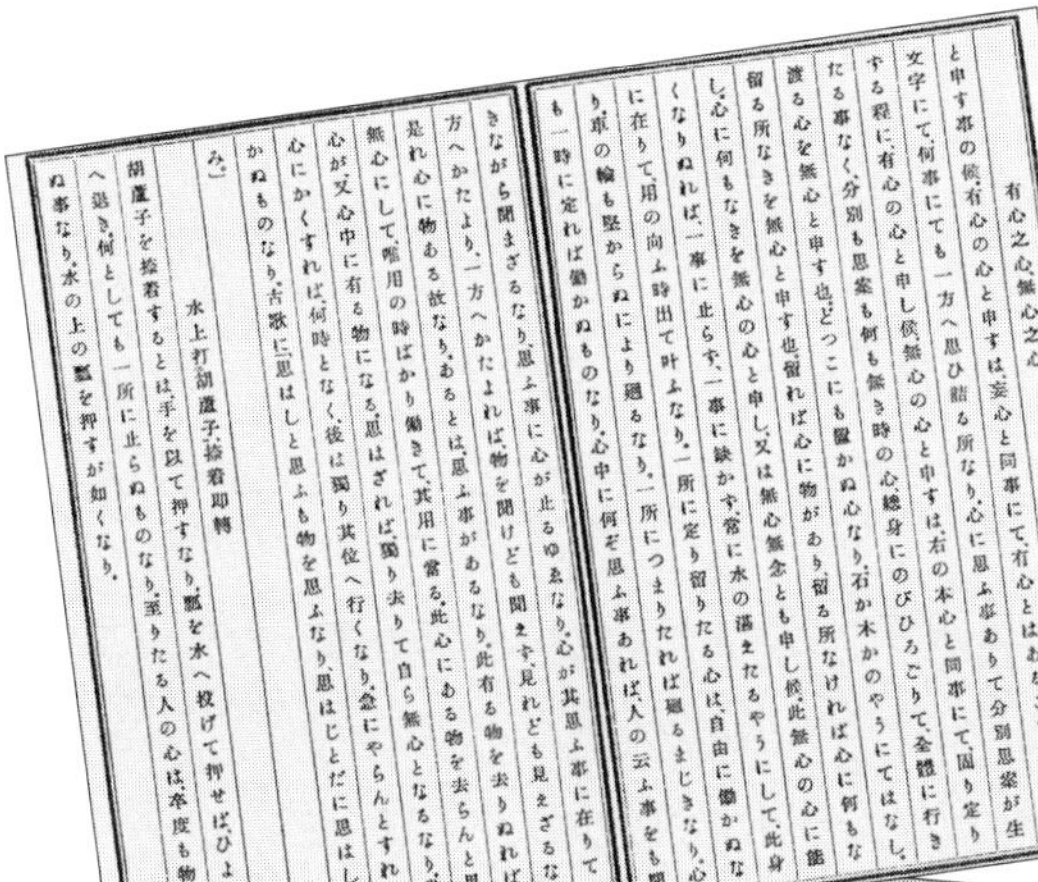

有心之心、無心之心

と申す事の候。有心の心と申すは、妄心と同事にて、有心とはあるこゝろと讀む文字にて、何事にても一方へ思ひ詰る所なり。心に思ふ事ありて分別思案が生ずる程に、有心の心と申し候。無心の心と申すは、右の本心と同事にて、固り定りたる事なく、分別も思案も何も無き時の心、總身にのびひろごりて、全體に行き渡る心を無心と申す也。どつこにも置かぬ心なり。石か木かのやうにてはなし。留る所なきを無心と申す也。留れば心に物があり、留る所なければ心に何もなし。心に何もなきを無心の心と申し、又は無心無念とも申し候。此無心の心に能くなりぬれば、一事に止らず、一事に缺かず、常に水の湛えたるやうにして、此身に在りて、用の向ふ時出て叶ふなり。一所に定り留りたる心は、自由に働かぬなり。車の輪も堅からぬにより廻るなり。一所につまりたれば廻るまじきなり。心も一時に定れば働かぬものなり。心中に何ぞ思ふ事あれば、人の云ふ事をも聞きながら聞かざるなり。思ふ事に心が止るゆゑなり。心が其思ふ事に在りて一方へかたより、一方へかたよれば、物を聞けども聞えず、見れども見えざるなり。是れ心に物ある故なり。あるとは、思ふ事があるなり。此有る物を去りぬれば、心無心にして、唯用の時ばかり働きて、其用に當る。此心にある物を去らんと思ふ心が又心中に有る物になる。思はざれば、獨り去りて自ら無心となるなり。常に心にかくすれば、何時となく、後は獨り其位へ行くなり。急にやらんとすれば、行かぬものなり。古歌に「思はじと思ふも物を思ふなり、思はじとだに思はじやきみ。」

水上打胡盧子、捺着即轉

胡盧子を捺着するとは、手を以て押すなり。瓢を水へ投げて押せば、ひよつと脇へ退き、何としても一所に止らぬものなり。至りたる人の心は、卒度も物に止らぬ事なり。水の上の瓢を押すが如くなり。

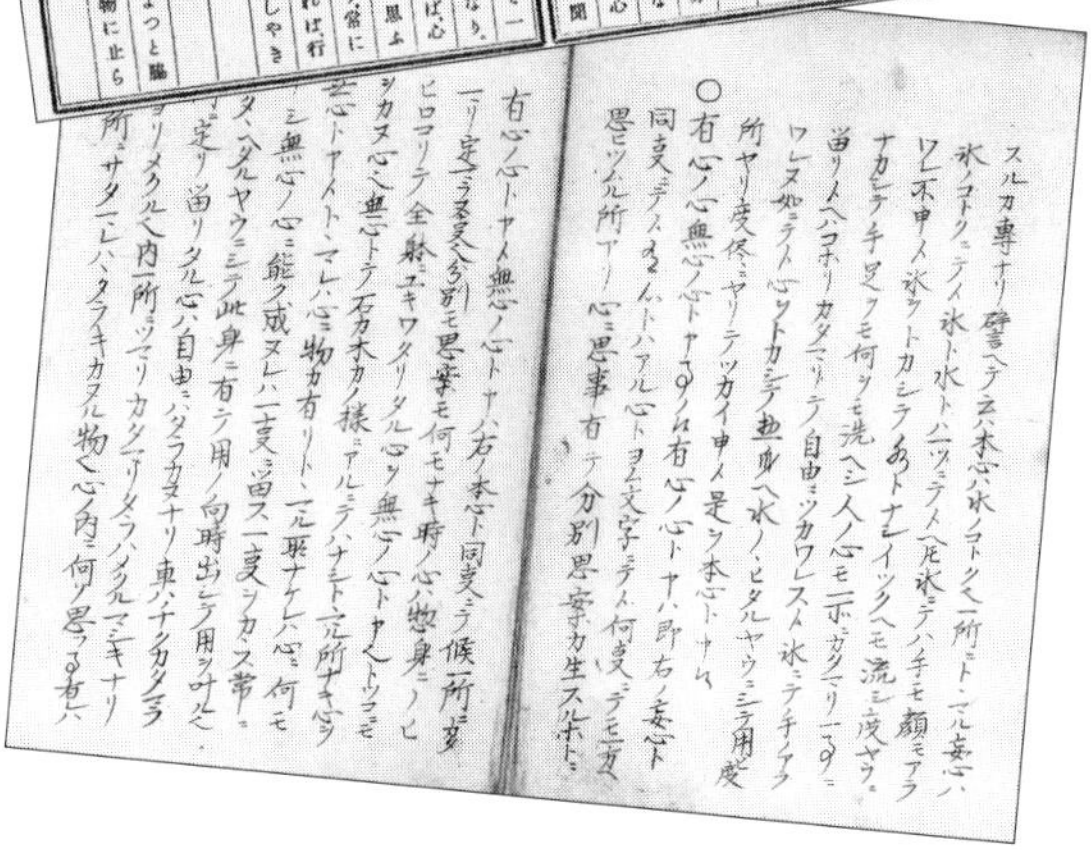

写真上：国立公文書館内閣文庫所蔵　『不動智神妙録』
写真下：国会図書館所蔵『不動智』

十七　こだわりを捨てよ

【原文】

有心之心《うしんのこころ》、無心之心《むしんのこころ》と申《もう》す事《こと》の候《そうろう》。有心《うしん》の心《こころ》と申《もう》すは、妄心《もうしん》と同事《おなじこと》にて、有心《うしん》とはあるこゝろと讀《よ》む文字《もじ》にて、何事《なにごと》にても一方《いつぽう》へ思《おも》ひ詰《つめ》る所《ところ》なり。心《こころ》に思《おも》ふ事《こと》ありて分別《ふんべつ》思案《しあん》が生《しょう》ずる程《ほど》に、有心《うしん》の心《こころ》と申《もう》し候《そうろう》。無心《むしん》の心《こころ》と申《もう》すは、右《みぎ》の本心《ほんしん》と同事《おなじこと》にて、固《かたま》り定《さだま》りたる事《こと》なく、分別《ふんべつ》も思案《しあん》も何《なに》も無《な》き時《とき》の心《こころ》、總身《そうみ》にのびひろごりて、全體《ぜんたい》に行《ゆ》き渡《わた》る心《こころ》を無心《むしん》と申《もう》す也《なり》。どつこにも置《お》かぬ心《こころ》なり。石《いし》か木《き》かのやうにてはなし。留《とどま》る所《ところ》なきを無心《むしん》と申《もう》す也《なり》。留《とどま》れば心《こころ》に物《もの》があり、留《とどま》る所《ところ》なければ心《こころ》に何《なに》もなし。心《こころ》に何《なに》もなきを無心《むしん》の心《こころ》と申《もう》し、又《また》は無心無念《むしんむねん》とも申《もう》し候《そうろう》。

【現代語訳】

「有心の心、無心の心」と言うものがあります。有心の心と言いますのは、妄心と同じことであり、有心とは「あるこころ」と読む言葉であって、何事においても一つを思い詰めることです。心の中に思うことがあって考えや思いが生じるので、有心の心と言うのです。無心の心と言いますのは、右に述べた本心と同じことであり、固まって定まってしまうことなく、考えも思いも何もないときの心、全身に延び拡がって全体に行き渡った心を無心と言うのです。どこにも置かない心です。石か木のようなわけではありません。止まる所がないことを無心と言うのです。止まれば心にものがあり、止まらなければ心には何もありません。心に何もないことを無心の心と言い、または無心無念とも言います。

【解釈】

よく「無心になって」とか「無我の境地で」と言いますが、我々人間は生きている限り、無（ゼロ）になることはありません。心の中は常に思考や感情が目まぐるしく渦巻いています。ですから沢庵は、石や木のように心や私が無いわけではない、と例えます。心の中では常に何かが巡り、私は私として厳然とここに在《あ》ると感じることに変わりはありません。しかし、その心の中に巡る何かにとらわれないことを無心と言い、私にとらわれないことを無我と言います。とらわれないとは、こだわらないことです。こだわらなければ、自在に動くことができます。そうやって何かへのこだわりを一切捨てることが、マインドフルな状態であり、禅の目指すところです。それはまさに、無為自然な状態と言えるでしょう。作為なく自在に動くことができれば、千変万化する状況のなか、水のごとく臨機応変に振る舞うことができるようになります。一方で、あらゆるこだわりを捨てていくことで、やがて欲が減り、結果的に苦も減っていきます。つまりストレスが低減していきます。これが二五〇〇年前にブッダの示した方法です。

十八　無心になろうと思うな

【原文】

此《この》無心《むしん》の心《こころ》に能《よ》くなりぬれば、一事《いちじ》に止《とどま》らず、一事《いちじ》に欠《か》かず、常《つね》に水《みず》の湛《たた》えたるやうにして、此身《このみ》に在《あ》りて、用《よう》の向《むか》ふ時出《ときいで》て叶《かな》ふなり。一所《ひとところ》に定《さだま》り留《とどま》りたる心《こころ》は、自由《じゆう》に働《はたら》かぬなり。車《くるま》の輪《わ》も堅《かた》からぬにより廻《まわ》るなり。一所《ひとところ》につまりたれば廻《まわ》るまじきなり。心《こころ》も一時《いちじ》に定《さだま》れば働《はたら》かぬものなり。心中《しんちゅう》に何《なん》ぞ思《おも》ふ事《こと》あれば、人《ひと》の云《い》ふ事《こと》をも聞《き》きながら聞《きか》まざるなり、思《おも》ふ事《こと》に心《こころ》が止《とどま》るゆゑなり。心《こころ》が其思《そのおも》ふ事《こと》に在《あ》りて一方《いっぽう》へかたよりて、一方《いっぽう》へかたよれば、物《もの》を聞《き》けども聞《きこ》えず、見《み》れども見《み》えざるなり。是《こ》れ心《こころ》に物《もの》ある故《ゆえ》なり。あるとは、思《おも》ふ事《こと》があるなり。此有《このあ》る物《もの》を去《さ》りぬれば、心無心《こころむしん》にして、唯用《ただよう》の時《とき》ばかり働《はたら》きて、其用《そのよう》に當《あた》る。此心《このこころ》にある物《もの》を去《さ》らんと思《おも》ふ心《こころ》が、又心中《またしんちゅう》に有《あ》る物《もの》になる。思《おも》はざれば、獨《ひと》り去《さ》りて自《おのずか》ら無心《むしん》となるなり。常《つね》に心《こころ》にかくすれば、何時《いつ》となく、後《のち》は獨《ひと》り其位《そのくらい》へ行《ゆ》くなり。急《きゅう》にやらんとすれば、行《い》かぬものなり。古歌《こか》に「思《おも》はじと思《おも》ふも物《もの》を思《おも》ふなり、思《おも》はじとだに思《おも》はしやきみ。」

【現代語訳】

この無心の心に十分なることができれば、一つのことに止まらず、一つのことも損なわず、常に水が満ちているように、この全身に行き渡っていて、使う必要があるときに使えるのです。一箇所に定まって止まってしまっている心は、自由に働かないものです。車輪も固くないから回るのです。一箇所に詰まってしまっていれば回るはずもありません。心も一時点に定まってしまうと働かないものです。心の中に何か思うことがあれば、人の言っていることも聞きながら聞こえないもので、それは思っていることに心が止まっているからです。心がその思うことのほうへあると、一方へ片寄ってしまい、片寄ってしまうと、物は聞こえるけれども聞こえず、見えるけれども見えないのです。これは心に物があるからです。あるというのは、思うことがあると言うことです。この心にあるものを捨て去ってしまえば、心は無心となって、ただ必要なときだけ働いて、用を済ませるのです。ただ、この心にあるものを捨て去ろうと思う心がまた、心の中にあるものとなってしまいます。思わなければ、独りでに去っていって自然と無心となります。常に心をこのようにしていれば、いつの間にか、あとは独りでにその境地へと到達するものです。急にやろうとすれば、かえって到達しないものです。古い歌にも、「思はしと 思ふも物を 思ふなり 思はじとだに 思はしやきみ」とあります。

【解釈】

何か気になることや心配なことがあると、我々はついそれに注意が向いてしまい、他の物事に眼が行かなくなってしまいます。仕事やスポーツのように、一点に集中すべきときにすべての意識をそこに注ぎ込むのは良いでしょう。こうした心理状態は「フロー」や「ゾーン」と呼ばれ、高いパフォーマンスを発揮したいときには、そうなることが求められます。しかし、そうでないときに何かに心がとらわれていると、注意を即座に転換できず、何かが起きたときにすぐ対応できません。また、我々人間はそもそも、周囲の物事に対して、自分の興味関心に従って選択的に注意を向けています。なぜなら、認知的な処理資源には容量、つまり限界があるからです。気になることや心配なことは、注意をそこに固着してしまうのと同時に、この限られた認知的資源を消費してしまいます。だから気にしないでおこうと心に思うのですが、その思い自体、認知的資源を使っていることになります。沢庵は、それにさえも使わないようにせよと助言します。そうすれば、限られた認知資源をフル活用できます。それこそが本当の意味での、無心の状態です。

第八部　水上打胡蘆子、捺着即轉

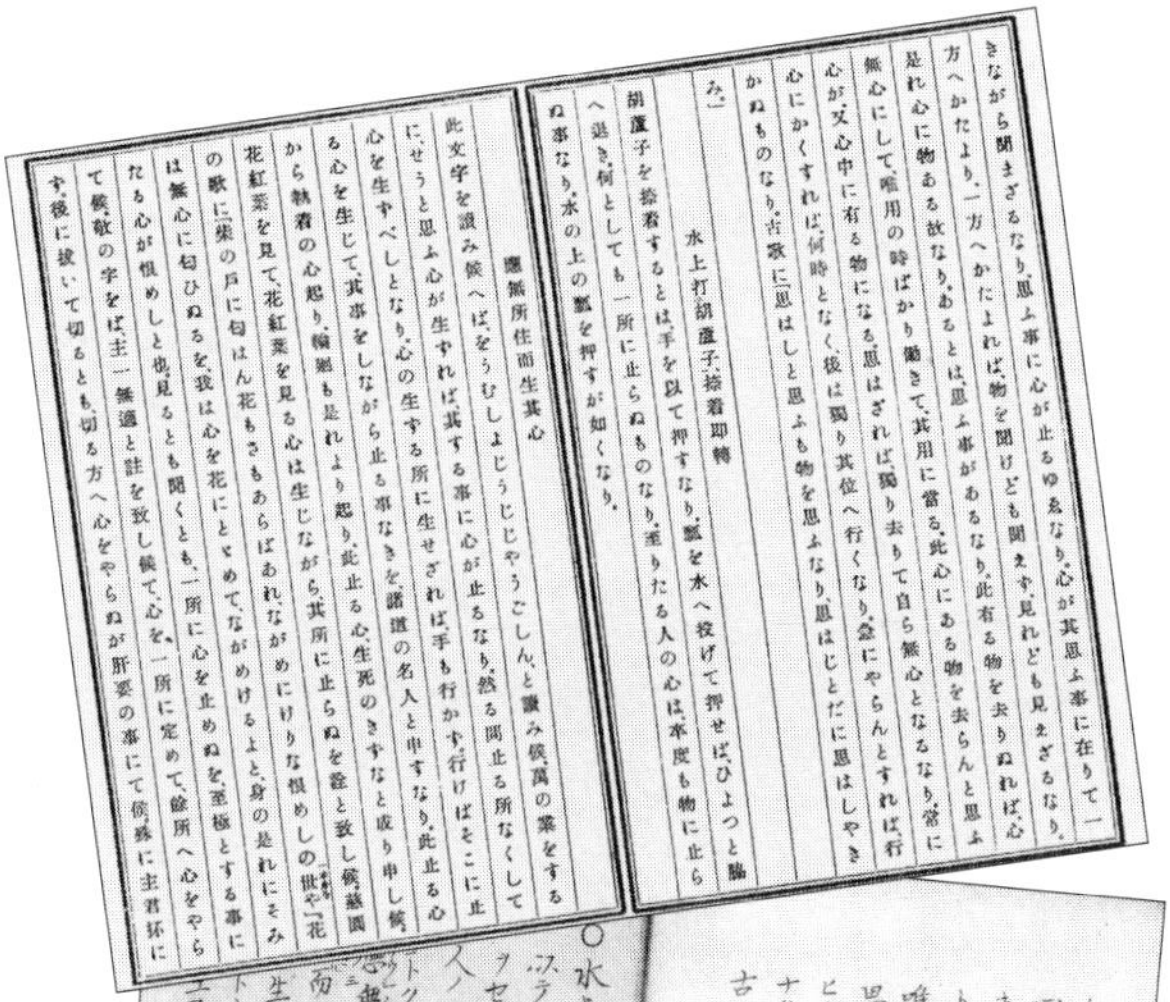

きながら聞ざるなり。思ふ事に心が止るゆゑなり。心が其思ふ事に在りて一方へかたより、一方へかたよれば、物を聞けども聞えず、見れども見えざるなり。是れ心に物ある故なり。あるとは、思ふ事があるなり。此有る物を去りぬれば、心無心にして、唯用の時ばかり働きて、其用に當る。此心にある物を去らんと思ふ心が、又心中に有る物になる。思はざれば、獨り去りて自ら無心となるなり。常に心にかくすれば、何時となく、後は獨り其位へ行くなり。急にやらんとすれば、行かぬものなり。古歌に「思はしと思ふも物を思ふなり、思はじとだに思はしやきみ」

水上打胡蘆子、捺着即轉

胡蘆子を捺着するとは、手を以て押すなり。瓢を水へ投げて押せば、ひよつと脇へ退き、何としても一所に止らぬものなり。至りたる人の心は、卒度も物に止らぬ事なり。水の上の瓢を押すが如くなり。

應無所住而生其心

此文字を讀み候へば、をうむしよじうじじやうごしん、と讀み候。萬の業をするに、せうと思ふ心が生ずれば、其する事に心が止るなり。然る間止る所なくして心を生ずべしとなり。心の生ずる所に生ぜざれば、手も行かず。行けばそこに止る心を生じて、其事をしながら止る事なきを、諸道の名人と申すなり。此止る心から執着の心起り、輪廻も是れより起り、此止る心、生死のきずなと成り申し候。花紅葉を見て、花紅葉を見る心は生じながら、其所に止らぬを詮と致し候。慈圓の歌に、柴の戸に匂はん花もさもあらばあれ、ながめにけりな恨めしの世や「花は無心に匂ひぬるを、我は心を花にとゞめて、ながめけるよと、身の是れにそみたる心が恨めしと也。見るとも聞くとも、一所に心を止めぬを、至極とする事にて候。敬の字をば、主一無適と註を致し候て、心を一所に定めて、餘所へ心をやらず。後に拔いて切るとも、切る方へ心をやらぬが肝要の事にて候。殊に主君抔に

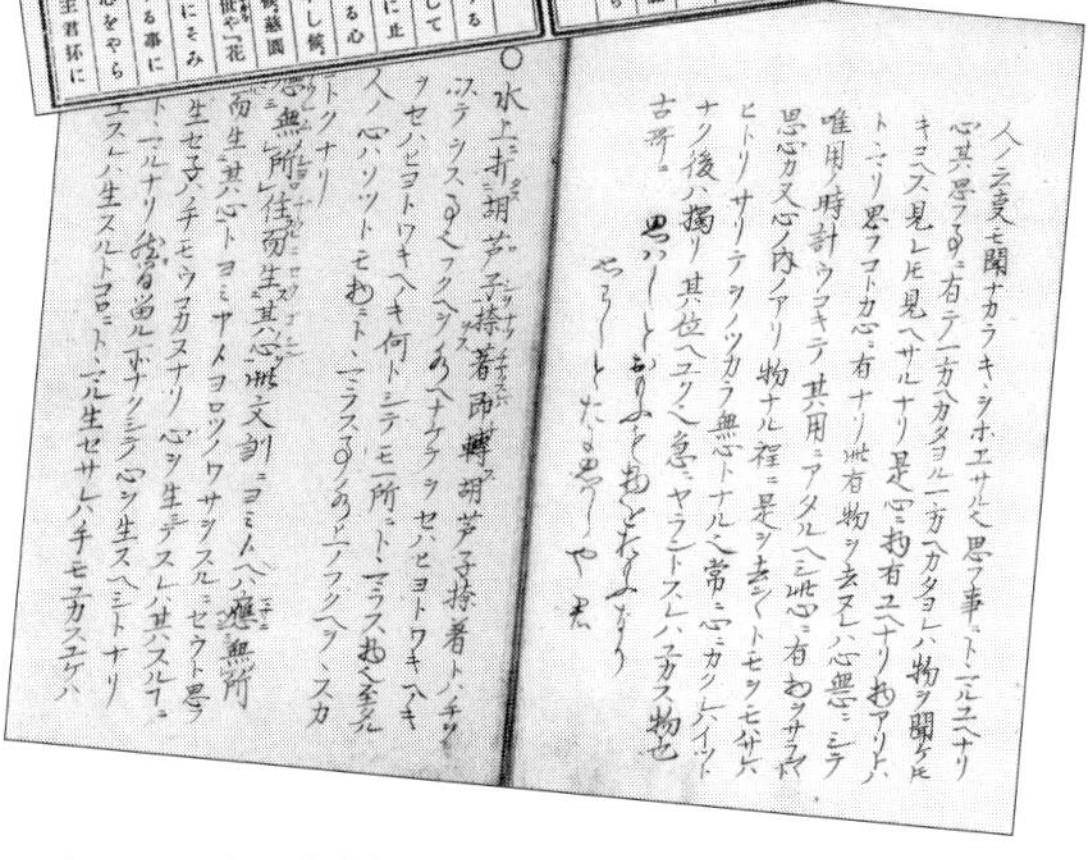

写真上：国立公文書館内閣文庫所蔵　『不動智神妙録』
写真下：国会図書館所蔵『不動智』

十九　「水の上の瓢箪《ひょうたん》」となれ

【原文】

水上打二胡蘆子一《すいじょうにころしをうたし》、捺着即轉《なっちゃくすればすなわちてんず》

胡蘆子《ころし》を捺着《なっちゃく》するとは、手《て》を以《もっ》て押《お》すなり。瓢《ひさご》を水《みず》へ投《な》げて押《お》せば、ひょっと脇《わき》へ退《しりぞ》き。何《なん》としても一所《ひとところ》に止《とどま》らぬものなり。至《いた》りたる人《ひと》の心《こころ》は、卒度《そっと》も物《もの》に止《とどま》らぬ事《こと》なり。水《みず》の上《うえ》の瓢《ひさご》を押《お》すが如《ごと》くなり。

【現代語訳】

水の上に瓢箪《ひょうたん》を置いて、押したところですぐに回転します。瓢箪を捺着するというのは、手で押すことです。瓢箪を水へ投げ入れて押してみると、ひょっと脇に逃げて、どうしようとも一箇所に止まりません。極めた人の心は、少しもものに止まることがありません。水の上の瓢箪を押すかのようです。

【解釈】

武術の達人と相対すれば、攻撃はすべて柔らかく吸収され、気がつけばすっかり制されてしまっていることでしょう。それはまるで空気と戦っているかのようなものです。当てようと思っても当てられず、触れたかと思えばいなされ、投げられ、倒されます。真に達人ともなれば、剛に対して剛だけで応ずることなく、柔でもって敵をさばきます。それはまるで、沢庵の言う水の上の瓢箪のようです。押されればひらりと躱《かわ》し、自在に動き、しかしいつまでもそこに在《あ》ります。何とかしようとしても何ともなりません。決して力任せに従わせることはできません。瓢箪を押す手とは、すなわち敵の攻撃です。敵の攻撃とは要するに、欲です。欲とは、私(自己)へのこだわりです。私へのこだわりが、私の自在な動きを止めます。武術の達人が攻撃をふわりと避けるが如く、悟りへと辿り着いた人は私を含めた一切合切《いっさいがっさい》にとらわれず、マインドフルにただそこに在ります。その自由自在な姿は、極めて武術的です。

第九部　応無所住而生其心

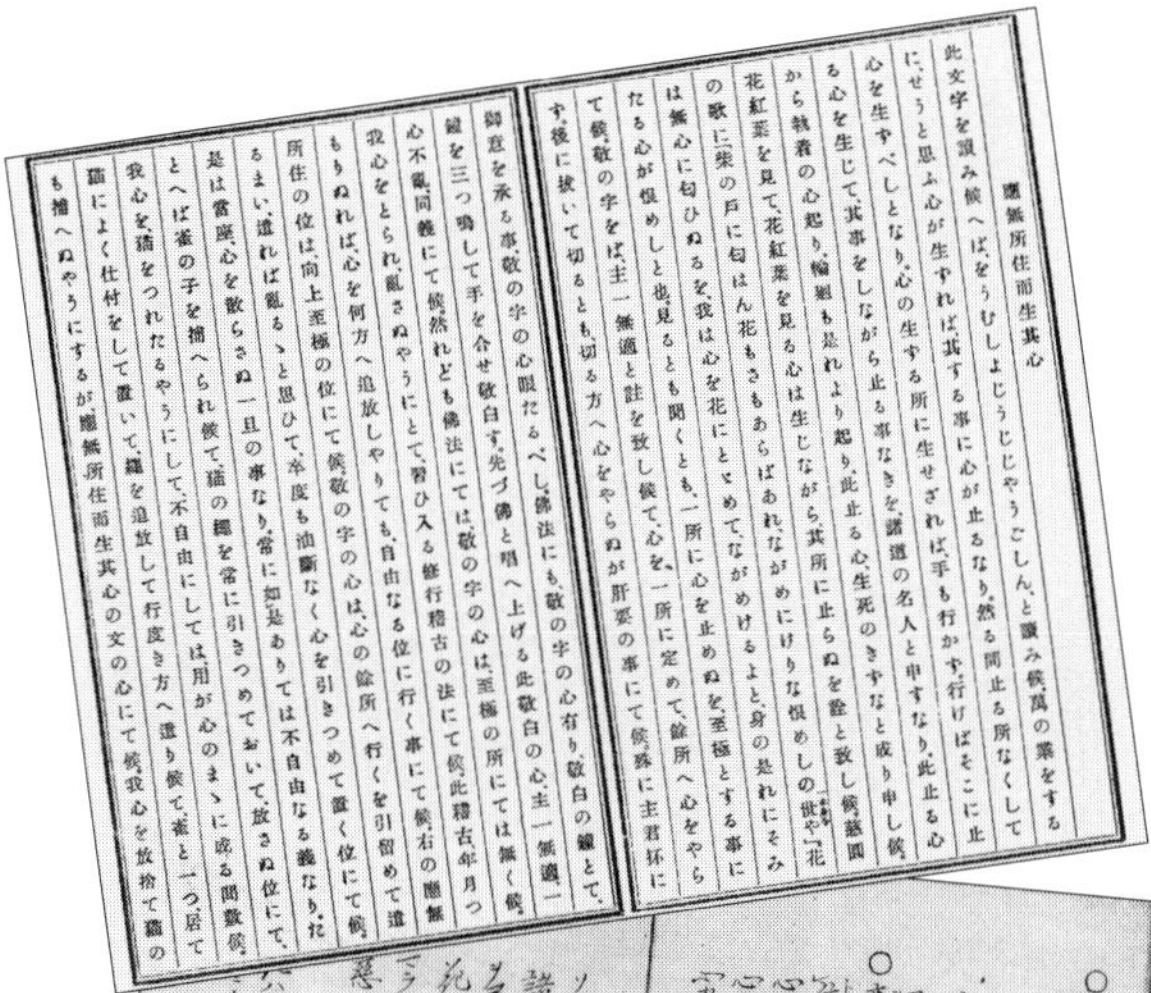

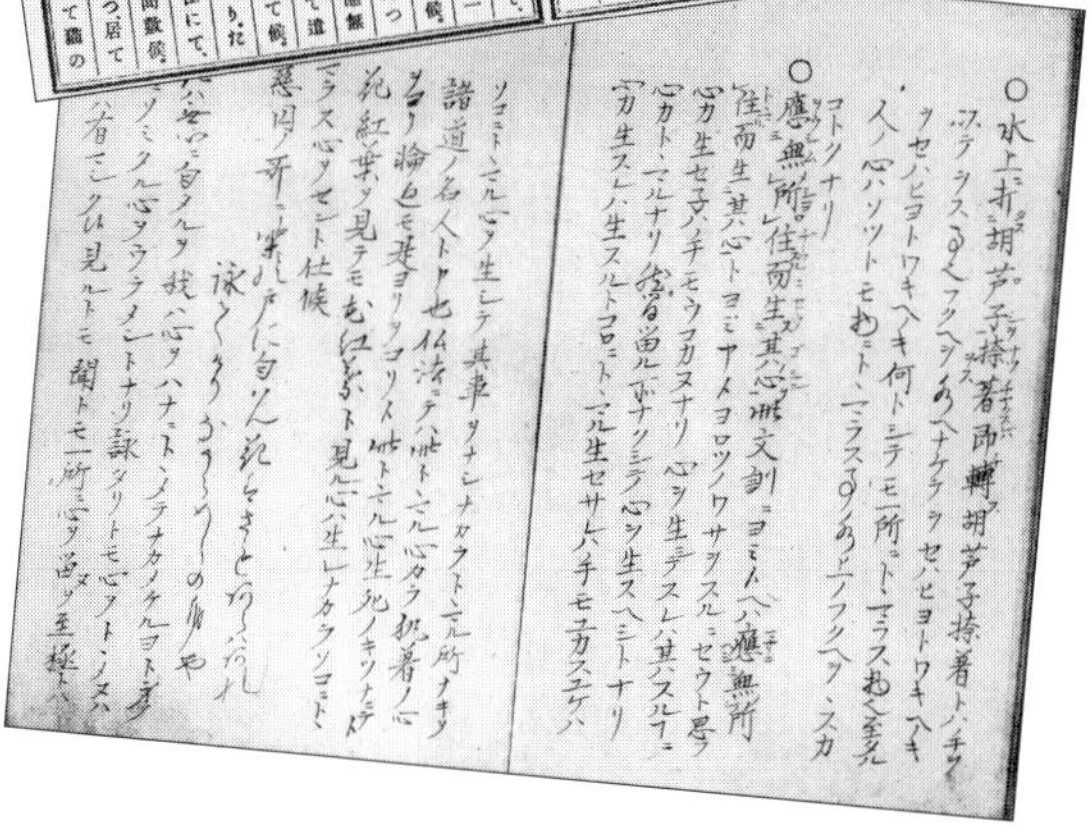

写真上：国立公文書館内閣文庫所蔵　『不動智神妙録』
写真下：国会図書館所蔵『不動智』

二十　しようと思うな

【原文】

應無所住而生其心

此文字《このもじ》を讀《よ》み候《そうら》へば、をうむしょじうじじゃうごしん、と讀《よ》み候《そうろう》。萬《よろず》の業《わざ》をするに、せうと思《おも》ふ心《こころ》が生《しょう》ずれば、其《その》する事《こと》に心《こころ》が止《とどま》るなり。然《しか》る間《あいだ》止《とどま》る所《ところ》なくして心《こころ》を生《しょう》ずべしとなり。心《こころ》の生《しょう》ずる所《ところ》に生《しょう》せざれば、手《て》も行《ゆ》かず。行《ゆ》けばそこに止《とどま》る心《こころ》を生《しょう》じて、其事《そのこと》をしながら止《とどま》る事《こと》なきを、諸道《しょどう》の名人《めいじん》と申《もう》すなり。此止《このとどま》る心《こころ》から執着《しゅうじゃく》の心起《こころおこ》り、輪廻《りんね》も是《こ》れより起《おこ》り、此止《このとどま》る心《こころ》、生死《しょうじ》のきずなと成《な》り申《もう》し候《そうろう》。花紅葉《はなもみじ》を見《み》て、花紅葉《はなもみじ》を見《み》る心《こころ》は生《しょう》じながら、其所《そこ》に止《とどま》らぬを詮《せん》と致《いた》し候《そうろう》。慈圓《じえん》の歌《うた》に「柴《しば》の戸《と》に匂《にお》はん花《はな》もさもあらばあれ、ながめにけりな恨《うら》めしの世《よ》や」。花《はな》は無心《むしん》に匂《にお》ひぬるを、我《われ》は心《こころ》を花《はな》にとゞめて、ながめけるよと、身《み》の是《こ》れにそみたる心《こころ》が恨《うら》めしと也《なり》。見《み》るとも聞《き》くとも、一所《ひとところ》に心《こころ》を止《とど》めぬを、至《し》極《ごく》とする事《こと》にて候《そうろう》。

【現代語訳】

応無所住而生其心。この文を読みますと、「おうむしょじゅう、じじょうごしん」となります。どんなことをするにしても、しようと思う心が生じると、そのすることに心が止まります。だからその間、止まるところなく心を生じさせよ、となるわけです。心が生じるようなところで生じなければ、手も動きません。しかし動けばそこに止まる心が生じるので、そのことをしながら止まることがないのを、それぞれの道の名人と言うのです。この止まる心から執着心が起こり、輪廻もここから起こり、この止まる心が生死へのこだわりとなるのでございます。花や紅葉を見て、花や紅葉を見る心は生じながら、そこに止まらないことを要点といたします。慈円の歌に「柴の戸に 匂わん花も さもあらばあれ ながめにけりな 恨めしの世や」とあります。花は無心に匂っているのに、私は心を花に止めて眺めている、花に執着している自分の心が恨めしい、と言うことです。見るときも聞くときも、一箇所に心を止めないことを極意とすることです。

【解釈】

我々は普段、何かをしようと思って何かをします。たとえば、手を上げようと思って手を上げます。戦いの場面であれば、敵を突こうと思って突きます。切ろうと思って切ります。しかし、沢庵はこれを戒めます。何かをするとき、しようとさえ思わずすでにしているその人こそ、その道の達人名人なのだと説きます。しようという思い、それ自体が引っかかりとなって、自然で滑らかな動きを妨げることになります。実際、相手を強く突こうと思えば思うほど力みが出て、かえって強く突けません。だから、「突く」という作為的な意思なく突けていることが理想です。実は我々の身体も、本当は意思を必要としていません。手を上げようと思うごくわずか前に、すでに脳は手を上げる信号を発していることが、実験的に証明されています。我々は、自分自身の自由な意思のもとで手を動かしていると錯覚しているだけなのです。しようと思う意思（私）を手放していく。それが武道の目指すところであり、仏道の目指すところです。

二十一　一心不乱に始まり、自由自在となれ

【原文】

敬《けい》の字《じ》をば、主一無適《しゅいつむてき》と註《ちゅう》を致《いた》し候《そうろう》て、心《こころ》を一所《ひとところ》に定《さだ》めて、餘所《よそ》へ心《こころ》をやらず。後《のち》に抜《ぬ》いて切《き》るとも、切《き》る方《ほう》へ心《こころ》をやらぬが肝要《かんよう》の事《こと》にて候《そうろう》。殊《こと》に主君《しゅくん》抔《など》に御意《ぎょい》を承《うけたまわ》る事《こと》、敬《けい》の字《じ》の心眼《しんがん》たるべし。佛法《ぶっぽう》にも、敬《けい》の字《じ》の心《こころ》有《あ》り、敬白《けいびゃく》の鐘《かね》とて、鐘《かね》を三《みつ》つ鳴《なら》して手《て》を合《あわ》せ敬白《けいはく》す。先《ま》づ佛《ほとけ》と唱《とな》へ上《あ》げる此敬白《このけいびゃく》の心《こころ》、主一無適《しゅいつむてき》、一《いっ》心不乱《しんふらん》、同義《どうぎ》にて候《そうろう》。然《しか》れども佛法《ぶっぽう》にては、敬《けい》の字《じ》の心《こころ》は、至極《しごく》の所《ところ》にては無《な》く候《そうろう》。我心《わがこころ》をとられ、亂《みだ》さぬやうにとて、習《なら》ひ入《い》る修行稽古《しゅぎょうけいこ》の法《ほう》にて候《そうろう》。此稽《このけい》古《こ》、年月《ねんげつ》つもりぬれば、心《こころ》を何方《いずかた》へ追放《おいはな》しやりても、自由《じゆう》なる位《くらい》に行《い》く事《こと》にて

候《そうろう》。右《みぎ》の應《おう》無《む》所《しょ》住《じゅう》の位《くらい》は、向《こう》上《じょう》至《し》極《ごく》の位《くらい》にて候《そうろう》。

【現代語訳】

敬という字は「主一無適」と説きますが、これは心を一箇所に定めて、他に心を向けないことです。そうしたうえで刀を抜いて切るとしても、切ることに心を向けないのが肝要です。特に主君などからご命令を承る場合、敬の字を大事な心得としなければなりません。仏法にも敬の字の心はありまして、敬白の鐘と言って、鐘を三つ鳴らして手を合わせて謹んで唱え上げるのです。まず仏の名を唱え上げるこの敬白の心は、主一無適や一心不乱と同じ意味です。ただ、仏法では、敬の字の心は究極の到達点ではありません。自分の心を奪われたり乱されたりしないように、きちんと習う修行稽古の教えなのです。こうした稽古を年月かけて積み重ねれば、心をどこに放り出しておいても自由に使える境地に行き着きます。右に記した応無所住の境地が、究極の境地なのです。

【解釈】

マインドフルネス瞑想（仏教瞑想）には、二側面あるいは二段階あります。それは止観、つまり、止行と観行のことであり、前者が集中瞑想（サマタ瞑想）、後者が観察瞑想（ヴィパッサナー瞑想）に当たります。瞑想によって気づきを得ることが仏道の核心だとすれば、止と観をひたすら実践することが修行となります。このとき、まずは止行によって集中力を養います。具体的には呼吸に意識を向け続けます。この集中力を基盤として、呼吸のみならず身体全体へと意識を拡げていきます。このとき、どこにも意識を止めることなく、身体全体を観察します。これが観行です。沢庵の言う「敬」とは、まさに止行における心構えのことであり、いわば仏教瞑想の前半、あるいは基盤と言えます。本質はさらにそこから観行へと移っていかなければなりません。集中力は必要不可欠です。しかし、集中力だけでは世界を正しくとらえることはできません。バイアスのない観察力をもって世界を眺めてこそ、気づきを得ることができるのです。

二十二　心を縛るな

【原文】

敬《けい》の字《じ》の心《こころ》は、心《こころ》の餘所《よそ》へ行《ゆ》くを引留《ひきと》めて遣《や》るまい、遣《や》れば亂《みだ》るゝと思《おも》ひて、卒《そつ》度《ど》も油断《ゆだん》なく心《こころ》を引《ひ》きつめて置《お》く位《くらい》にて候《そうろう》。是《これ》は當座《とうざ》、心《こころ》を散《ち》らさぬ一旦《いったん》の事《こと》なり。常《つね》に如レ是《かくのごとく》ありては不自由《ふじゆう》なる義《ぎ》なり。たとへば雀《すずめ》の子《こ》を捕《とら》へられ候《そうろう》て、猫《ねこ》の繩《なわ》を常《つね》に引《ひ》きつめておいて、放《はな》さぬ位《くらい》にて、我心《わがこころ》を、猫《ねこ》をつれたるやうにして、不自由《ふじゆう》にしては、用《よう》が心《こころ》のまゝに成《な》る間敷候《まじくそうろう》。猫《ねこ》によく仕付《しつけ》をして置《お》いて、繩《なわ》を追放《おいはな》して行度《ゆきた》き方《かた》へ遣《や》り候《そうろう》て、雀《すずめ》と一《ひと》つ、居《い》ても捕《とら》へぬやうにするが、應無《おうむ》所住而生其心《しょじゅうじじょうごしん》の文《ぶん》の心《こころ》にて候《そうろう》。我心《わがこころ》を放捨《はなちす》て猫《ねこ》のやうに打捨《うちす》て、行度《ゆきた》き方《かた》へ行《ゆ》きても、心《こころ》の止《とどま》らぬやうに心《こころ》を用《もち》ひ候《そうろう》。

【現代語訳】

敬の字の意味は、心がどこかへ行くのを引き留めて行かせまい、行かせば乱れると思って、少しも油断せずに心を引き締めておく段階であります。これは当面の間、心を散らさないようにする一時的なことです。常にこのようであっては不自由となるのが道理です。たとえば、雀の子が食われるからといって、猫に縄をつけて常に引っ張っておいて放さないようなもので、猫を引っ付けておくようにして自分の心を不自由にしては、心が心のままに働くはずがありません。猫をよくしつけておいて、縄をほどいて行きたいところに行かせて、雀と一緒にいても食わないようにするのが、応無所住而生其心の言葉の意味です。自分の心を解き放って猫のように放り出して、行きたいところへ行っても、心が止まらないように心を用いるのです。

【解釈】

集中力は重要です。しかし、集中力だけでは限界があります。たとえば、「怒り」の感情をうまくマネジメントしたいとします。人との関わりのなかで、相手の落ち度や責任や悪意についての思考を燃料にして、我々の怒りは沸騰し続けてしまいます。これをマインドフルネス的にしのごうとするならば、注意の方向を自分の呼吸に戻し、自分が今ここに在《あ》ることを確かめ、寄せては返す思考の波に飲み込まれないようにします。これが集中瞑想によって養おうとする集中力です。これはこれで相当の効果を発揮します。しかし、大波が何度も寄せてくれば、集中力はやがて限界を迎え、気づかないうちに荒波にもまれてしまいます。だから、気づきをもって波と私を観察する力が必要となります。沢庵の言葉でなぞらえれば、雀を目の前にして解き放たれた猫の様子を、落ち着いてじっくり縁側から眺めるかのようなものです。ただしこの観察力は、集中力が基盤となってはじめて養うことができます。ここの順序を間違えてはいけません。

二十三　すべてを捨てきれ

【原文】

貴殿《きでん》の兵法《へいほう》に當《あ》て申《もう》し候《そうら》はゞ、太刀《たち》を打《う》つ手《て》に心《こころ》を止《と》めず。一切《いっさい》打《う》つ手《て》を忘《わす》れて打《う》つて人《ひと》を切《き》れ、人《ひと》に心《こころ》を置《お》くな。人《ひと》も空《くう》、我《われ》も空《くう》、打《う》つ手《て》も打《う》つ太刀《たち》も空《くう》と心《こころ》得《え》、空《くう》に心《こころ》は取《と》られまひぞ。鎌倉《かまくら》の無學禪師《むがくぜんじ》、大唐《だいとう》の亂《らん》に捕《とら》へられて、切《き》らるゝ時《とき》に、電光影裏斬㆓春風㆒《でんこうえいりしゅんぷうをきる》。といふ偈《げ》を作《つく》りたれば、太刀《たち》をば捨《す》てて走《はし》りたると也《なり》。無學《むがく》の心《こころ》は、太刀《たち》をひらりと振上《ふりあ》げたるは、稲妻《いなづま》の如《ごと》く電光《でんこう》のぴかりとする間《あいだ》、何《なん》の心《こころ》も何《なん》の念《ねん》もないぞ。打《う》つ刀《かたな》も心《こころ》はなし。切《き》る人《ひと》も心《こころ》はなし。切《き》らるる我《われ》も心《こころ》はなし。切《き》る人《ひと》も空《くう》、太刀《たち》も空《くう》、打《う》たるゝ我《われ》も空《くう》なれば、打《う》つ人《ひと》も人《ひと》にあらず。打《う》つた太刀《たち》も太刀《たち》にあらず。打《う》たるゝ我《われ》も稲妻《いなづま》のひかりとする内《うち》に、春《はる》の空《そら》を吹《ふ》く風《かぜ》を切《き》る如《ごと》くなり。一切止《いつさいとど》らぬ心《こころ》なり。風《かぜ》を切《き》つたのは、太刀《たち》に覚《おぼ》えもあるまいぞ。かやうに心《こころ》を忘《わす》れ切《き》つて、萬《よろず》の事《こと》をするが、上手《じようず》の位《くらい》なり。舞《まい》を舞《ま》へば、手《て》に扇《おうぎ》を取《と》り、足《あし》を踏《ふ》む。其手足《そのてあし》をよくせむ、舞《まい》を能《よ》く舞《ま》はむと思《おも》ひて、忘《わす》れきらねば、上手《じようず》とは申《もう》されず候《そうろう》。未《いま》だ手足《てあし》に心止《こころとど》らば、業《わざ》は皆面白《みなおもしろ》かるまじ。悉皆心《しつかいこころ》を捨《す》てきらずして、する所作《しよさ》は皆悪敷候《みなあしきそうろう》。

【現代語訳】

貴殿の兵法に当てはめて言えば、太刀を打つ手に心を止めず、打つ手を一切忘れて打って人を切り、その人にも心を置いてはいけません。人も空《くう》、自分も空、打つ手も打つ太刀も空と心得て、空に心を取られてはいけません。鎌倉の無学禅師は、大唐の乱で兵に捕らえられて、切られようというときに、「電光影裏に春風を斬る」という偈《げ》を詠んだところ、兵は太刀を捨てて走り去ったということです。無学禅師の心はと言えば、太刀をひらりと振り上げるのはせいぜい稲妻のように光がピカッとするぐらいの間であり、そこには何の心も何の思いもありません。切る太刀にも心はありません。切る人にも心はありません。切る人も空、太刀も空、切られる自分も空であれば、切る人も人ではありません。切る太刀も太刀ではありません。切られる自分も稲妻がピカッと光る間に、春の空に吹く風を切るようなものです。一切止まらない心です。風を切ったのでは、太刀には何の手応えもないでしょう。このように心を忘れきって、あらゆることをするのが、上手という段階なのです。舞を舞うとき、手に扇を持って、足を踏みます。その手足をよく動かそう、舞をよく舞おうと思って忘れきらないと、上手とは言わないのです。まだまだ手足に心が止まるようなら、技法はいずれも観ていてつまらないでしょう。ことごとく心を捨てきらないでする所作は、どれもよろしくないのです。

【解釈】

一切は空《くう》と知り、空なのだから、空へのこだわりを捨てよ。これが沢庵の言葉です。武術は元より、あらゆる営みにおいて、それに没入することが良い結果や好成績を収めることはしばしばあります。心理学では、この状態は「フロー」あるいは「ゾーン」と呼ばれます。フローとは、仏教で言えば「三昧」に近いでしょう。すなわち、今ここのそれになりきった没我の状態を指します。ただ、この没我の状態は、時に恍惚感や全能感を生むことがあります。スポーツや仕事ならばこれでかまいません。しかし、修行となると話が少し違ってきます。この恍惚感と全能感を悟りと勘違いすることは「魔境」と呼ばれ、禅では厳しく戒めています。魔境に至ることなく、今ここに在《あ》り続けます。そのためには常に観の目を保つことです。一切すべてを捨てつつ、しかし、我を忘れることはありません。気づきをもって自由に在り続けます。何にもとらわれることなく、今ここの営みにおいて、三昧へと至ります。もしそれがスポーツや仕事ではなく修行であるならば、同時に、覚めていなければなりません。

第十部　求放心

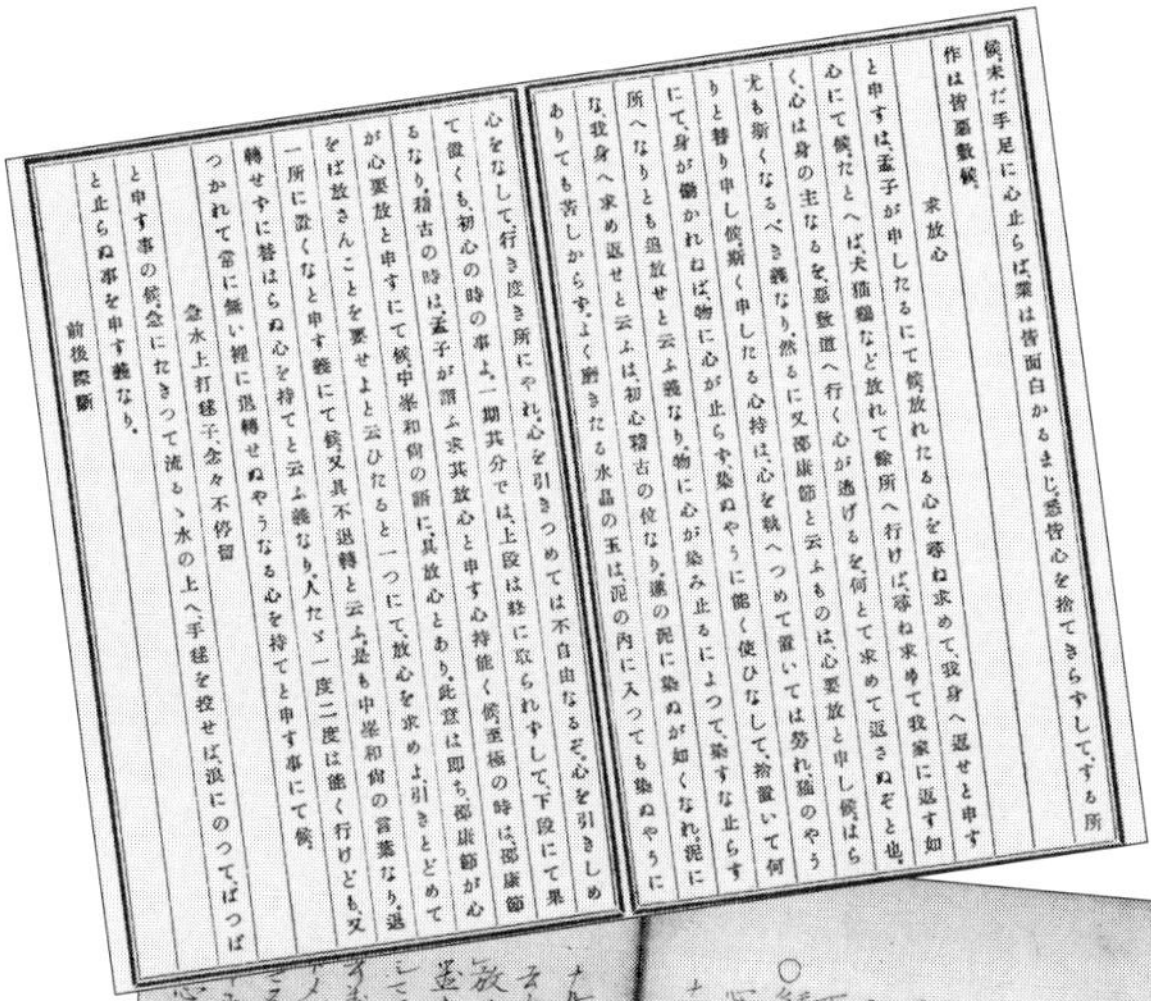

候。未だ手足に心止らば、業は皆面白かるまじ。惡皆心を捨てきらずして、する所作は皆惡敷候。

求放心

と申すは、孟子が申したるにて候。放れたる心を尋ね求めて、我身へ返せと申す心にて候。たとへば、犬猫鷄など放れて餘所へ行けば、尋ね求めて我家に返す如く、心は身の主なるを、惡敷道へ行く心が逃げるを、何とて求めて返さぬぞと也。尤も斯くなるべき義なり。然るに又邵康節と云ふものは、心要放と申し候。はらりと替り申し候。斯く申したる心持は、心を執へつめて置いては勞れ、猫のやうにて、身が働かれねば、物に心が止らず染ぬやうに能く使ひなして、捨置いて何所へなりとも追放せと云ふ義なり。物に心が染み止るによって、染すな止らすな、我身へ求め返せと云ふは、初心稽古の位なり。蓮の泥に染ぬが如くなれ。泥にありても苦しからず。よく磨きたる水晶の玉は、泥の内に入っても染ぬやうに心をなして、行き度き所にやれ。心を引きつめては不自由なるぞ。心を引きしめて置くも、初心の時の事よ。一期其分では、上段は終に取られずして、下段にて果るなり。稽古の時は、孟子が謂ふ求其放心と申す心持能く候。至極の時は、邵康節が心要放と申すにて候。中峯和尚の語に、具放心とあり。此意は即ち、邵康節が心をば放さんことを要せよと云ひたると一つにて、放心を求めよ、引きとどめて一所に置くなと申す義にて候。又具不退轉と云ふ是も中峯和尚の言葉なり。退轉せずに替はらぬ心を持てと云ふ義なり。人たゞ一度二度は能く行けども、又つかれて常に無い裡に退轉せぬやうなる心を持てと申す事にて候。

急水上打毬子、念々不停留

と申す事の候。急にたぎって流るゝ水の上へ、手毬を投せば、浪にのって、ぱっぱと止らぬ事を申す義なり。

前後際斷

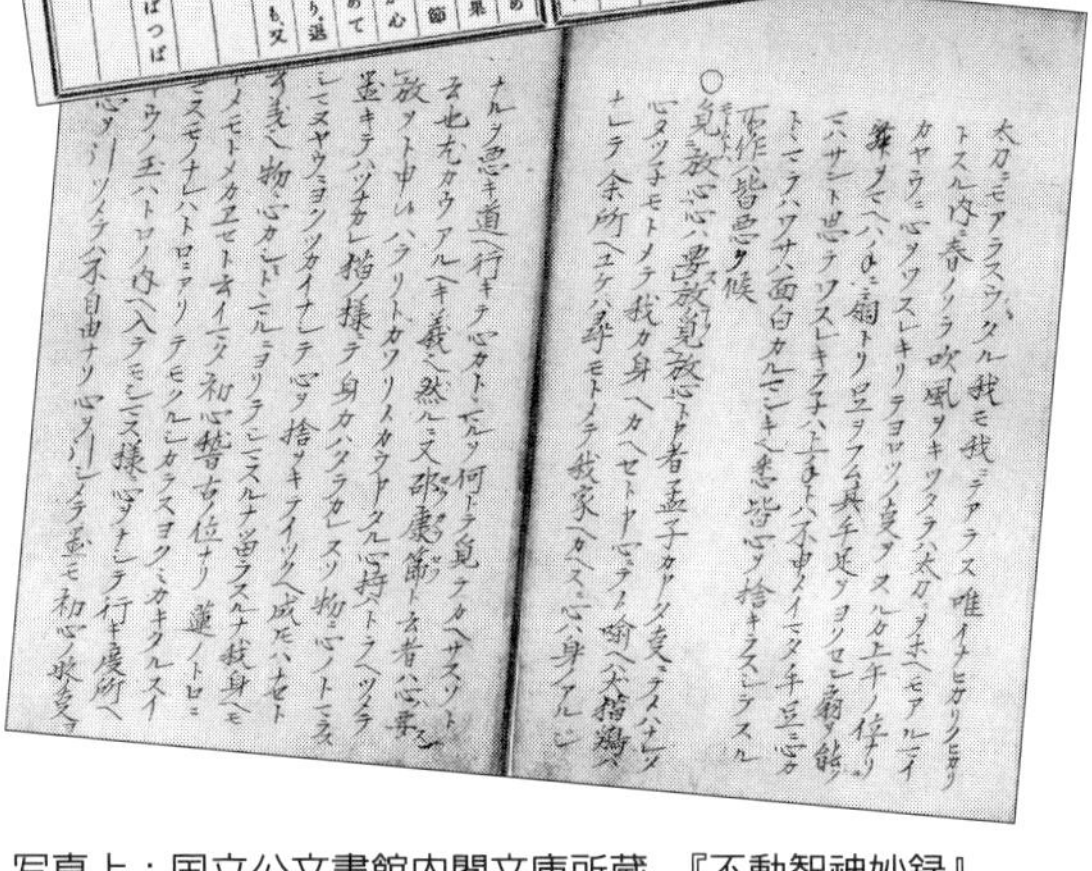

写真上：国立公文書館内閣文庫所蔵　『不動智神妙録』
写真下：国会図書館所蔵『不動智』

二十四　心を解き放て

【原文】

求放心《ほうしんをもとめよ》

と申《もう》すは、孟子《もうし》が申《もう》したるにて候《そうろう》。放《はな》れたる心《こころ》を尋《たず》ね求《もと》めて、我身《わがみ》へ返《かえ》せと申《もう》す心《こころ》にて候《そうろう》。たとへば、犬猫鶏《いぬねこどり》など放《はな》れて餘所《よそ》へ行《ゆ》けば、尋《たず》ね求《もと》めて我家《わがや》に返《かえ》す如《ごと》く、心《こころ》は身《み》の主《ぬし》なるを、悪敷道《あしきみち》へ行《い》く心《こころ》が逃《に》げるを、何《なん》とて求《もと》めて返《かえ》さぬぞと也《なり》。尤《もっと》も斯《か》くなるべき義《ぎ》なり。然《しか》るに又邵康節《またしょうこうせつ》と云《い》ふものは、心要放《こころをはなつをようとす》と申《もう》し候《そうろう》。はらりと替《かわ》り申《もう》し候《そうろう》。斯《か》く申《もう》したる心持《こころもち》は、心《こころ》を執《とら》へつめて置《お》いては労《つか》れ、猫《ねこ》のやうにて、身《み》が働《はたら》かれねば、物《もの》に心《こころ》が止《とどま》らず、染《そま》ぬやうに能《よ》く使《つか》ひなして、捨置《すてお》いて何所《いずこ》へなりとも追放《おいはな》せと云《い》ふ義《ぎ》なり。物《もの》に心《こころ》が染《そ》み止《とど》るによつて、染《そまら》すな止《とどま》らすな、我身《わがみ》へ求《もと》め返《かえ》せと云《い》ふは、初心稽古《しょしんけいこ》の位《くらい》なり。蓮《はす》の泥《どろ》に染《そま》ぬが如《ごと》くなれ。泥《どろ》にありても苦《くる》しからず。よく磨《みが》きたる水晶《すいしょう》の玉《たま》は、泥《どろ》の内《うち》に入《はい》つても染《そま》ぬやうに心《こころ》をなして、行《ゆ》き度《た》き所《ところ》にやれ。心《こころ》を引《ひ》きつめては不自由《ふじゆう》なるぞ。心《こころ》を引《ひ》きしめて置《お》くも、初心《しょしん》の時《とき》の事《こと》よ。一期《いちご》其分《そのぶん》では、上段《じょうだん》は終《つい》に取《と》られずして、下段《げだん》にて果《はて》るなり。

【現代語訳】

「求放心」と言うのは、孟子が言ったことです。放たれた心を尋ね求めて、自分の身に取り戻しなさいという意味です。たとえば、犬や猫や鶏などが放たれてどこかへ行ってしまえば、尋ね求めて自分の家に連れ戻すように、心は身の主なのだから、悪いほうへと心が逃げるのを、どうして尋ね求めて取り戻さないのかということです。これは、そうあって然るべきもっともな道理です。しかしまた、邵康節《しょうこうせつ》という人は、「心要放」と言っています。まったく反対でございます。このように言っている理由は、心を捕らえ続けていては疲れてしまい、縛った猫のように身動きできないので、ものに心が止まったり染まったりしないようによく使いこなして、捨て去ってしまってどこへなりとも放り出しなさい、という道理です。ものに心が染まって止まるので、染まらせるな止まらせるな、自分の身に取り戻せというのは、初心者の稽古の段階です。蓮が泥に染まらないかのようにするのです。泥の中にあっても苦しくありません。よく磨いた水晶の玉が泥の中にあっても染まらないかのように、心も行きたいところに行かせるのです。心を引っ張り続けるのは不自由なことでしょう。心を引き締めておくのは、初心の頃のことです。一生そんなふうでは、上の段階にはついに至らず、下の段階で終わることになります。

【解釈】

仕事や家庭で、何か問題が起こったとします。その問題は問題として目の前に現れていますが、その問題を生み出している原因がすべて目に見えるとは限りません。何か悩みを相談されたとします。その悩みは悩みとして語られるけれども、その悩みを作りだしている原因は、当人がすべてわかっているとは限りません。問題や悩みそのものばかりに気を取られれば、本質が見えず、なんら解決に至りません。本質を見極めるためには、全体を俯瞰しなければなりません。心理臨床場面で言えば、まさにホリスティックな（全人的な）アプローチが必要です。沢庵は、「心要放」という言葉を引いています。心を放つことで、問題や悩みを多角的・多面的にとらえることができます。それは、水のごとく柔らかく心を遊ばせることです。水のごとく柔らかくしておけば、偏った見方や考えに染まることはありません。取り組むべき一点に全力で集中する力はもちろん大切です。ただ、そこから自在に離れる術も身につけておかなければ、一つの考えにとらわれる、一面的にしか見えていない、ということもあると心得ておくべきです。

二十五　求めつつ放て

【原文】

稽古《けいこ》の時《とき》は、孟子《もうし》が謂《い》ふ求其放心《そのほうしんをもとめよ》と申《もう》す心持《こころもち》能《よ》く候《そうろう》。至極《しごく》の時《とき》は、邵康節《しょうこうせつ》が心要放《こころをはなつをようとす》と申《もう》すにて候《そうろう》。中峯和尚《ちゅうほうおしょう》の語《ご》に、具放心《ほうしんをそなえよ》とあり。此意《このい》は即《すなわ》ち、邵康《しょうこう》節《せつ》が心《こころ》をば放《はな》さんことを要《よう》せよと云《い》ひたると一《い》つにて、放心《はなつこころ》を求《もと》めよ、引《ひ》きとどめて一所《ひとところ》に置《お》くなと申《もう》す義《ぎ》にて候《そうろう》。又具不退転《またたいてんせざるをそなえよ》と云《い》ふ。是《これ》も中峯和尚《ちゅうほうおしょう》の言葉《ことば》なり。退転《たいてん》せずに替《か》はらぬ心《こころ》を持《も》てと云《い》ふ義《ぎ》なり。人《ひと》たゞ一度二度《いちどにど》は能《よ》く行《ゆ》けども、又《また》つかれて常《つね》に無《な》い裡《うち》に退転《たいてん》せぬやうなる心《こころ》を持《も》てと申《もう》す事《こと》にて候《そうろう》。

【現代語訳】

初心の稽古の段階では、孟子の言う「求其放心」といった心持ちで十分です。ただ究極的なところでは、邵康節が「心要放」と言ったものになります。中峯和尚の言葉に「具放心」とあります。この意味はつまり、邵康節が心を放つことが必要だと言ったのと同じで、放心をしなさい、引き止めて一箇所に置いてはいけません、という道理です。また、「具不退転」とも言っています。これも中峯和尚の言葉です。退転することなく、変わらぬ心を持てという意味です。ただ、人は一度や二度はうまくいきますが、また疲れていつものようでない場合にも、退転しないような心を持てということです。

【解釈】

ここに在《あ》ろうと思って在るのではなく、ただ自然にここに在る。これが究極です。すなわち、上手にやろうと思って上手にやるのではなく、ただ自然に上手にやる。勝とうと思って勝つのではなく、ただ自然に勝つ。常に気を引き締めて緊張していれば、誰でも身が持ちません。また、緊張し過ぎて固くなっては、自由自在に動けません。自分の力を存分に発揮するためには、常に柔らかく弛緩《しかん》しつつ、どんな状況にも対応できる準備状態でいるようにします。そのように難事に素早く対応するためには、とらわれのない澄んだ心で俯瞰的に集中している必要があります。つまり、集中しつつ弛緩する。これが奥義です。沢庵は、修行の初期こそ心を保ち、ここに在るよう稽古するが、やがてはその心を放ち、自然にここに在るようにするのが究極だ、と言います。それはまさに、集中しつつ弛緩する状態です。この一見真逆に思える矛盾した状態を全身でもって実現する、実現しようと修行するのが、禅であり武道です。そしてこの奥義は、日々の生活の雑事、円滑な人間関係、仕事やスポーツなど、さまざまな活動にも応用できます。

第十一部　急水上打毬子、念々不停留

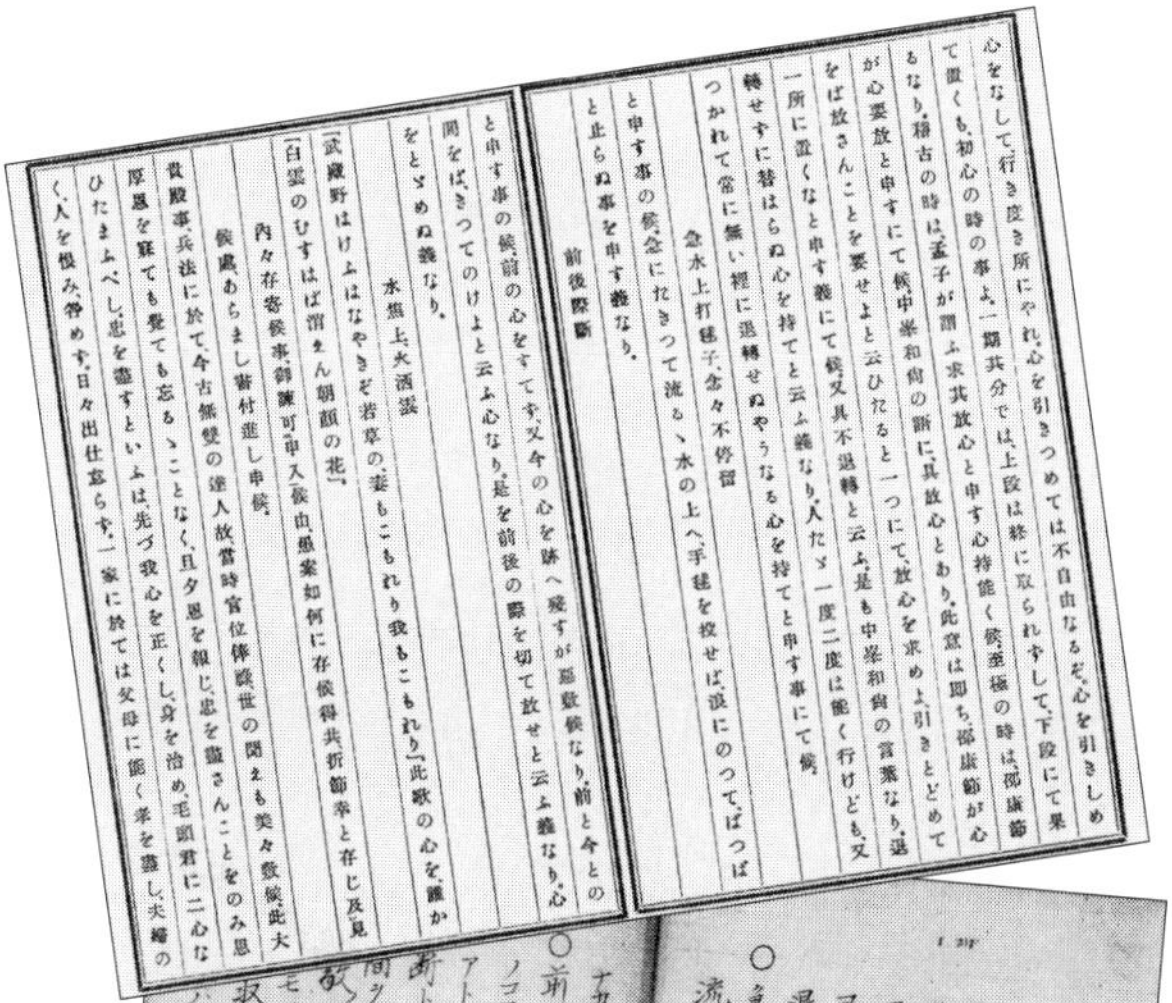

心をなして行き度き所にやれ、心を引きつめては不自由なるぞ、心を引きしめて置くも、初心の時の事よ、一期其分では、上段は終に取られずして、下段にて果るなり。稽古の時は、孟子が謂ふ求其放心と申す心持能く候、至極の時は邵康節が心要放と申すにて候、中峯和尚の語に、具放心とあり。此意は即ち邵康節が心をば放さんことを要せよと云ひたると一つにて、放心を求めよ引きとどめて一所に置くなと申す義にて候。又具不退轉と云ふ、是も中峯和尚の言葉なり。退轉せずに替はらぬ心を持てと云ふ義なり。人たゞ一度二度は能く行けども、又つかれて常に無い裡に退轉せぬやうなる心を持てと申す事にて候。

急水上打毬子、念々不停留

と申す事の候、念にたきつて流るゝ水の上へ、手毬を投せば、浪にのつて、ぱつぱと止らぬ事を申す義なり。

前後際斷

と申す事の候、前の心をすてず、又今の心を跡へ殘すが惡敷候なり。前と今との間をばきつてのけよと云ふ心なり。是を前後の際を切て放せと云ふ義なり。心をとゞめぬ義なり。

水焦上、火酒雲

「武藏野はけふはなやきぞ若草の、妻もこもれり我もこもれり」此歌の心を、誰か

「白雲のむすばば消えん朝顔の花」

内々存寄候事、御諫可申入候由、愚案如何に存候得共、折節幸と存じ及見候處あらまし書付進し申候。

貴殿事、兵法に於て、今古無雙の達人故、當時官位俸祿世の聞えも美々敷候、此大厚恩を寢ても覺ても忘るゝことなく、旦夕恩を報じ、忠を盡さんことをのみ思ひたまふべし。忠を盡すといふは、先づ我心を正くし、身を治め、毛頭君に二心なく、人を恨み、咎めず、日々出仕怠らず、一家に於ては父母に能く孝を盡し、夫婦の

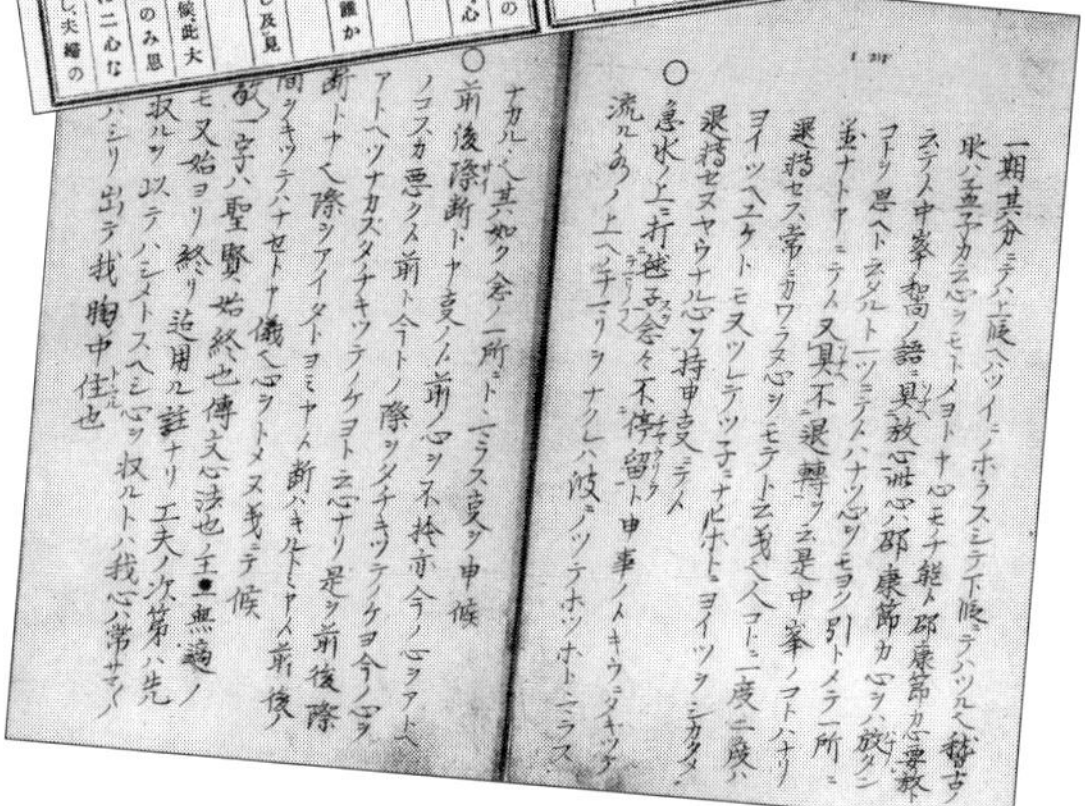

写真上：国立公文書館内閣文庫所蔵　『不動智神妙録』
写真下：国会図書館所蔵『不動智』

二十六　流れに乗れ

【原文】

急水上打球子《きゅうすいじょうにきゅうしをうつ》、念々不停留《ねんねんていりゅうせず》

と申《もう》す事《こと》の候《そうろう》。急《きゅう》にたきつて流《なが》るゝ水《みず》の上《うえ》へ、手球《てまり》を投《とう》せば、浪《なみ》にのつて、ぱつぱつと止《とどま》らぬ事《こと》を申《もう》す義《ぎ》なり。

【現代語訳】

「急水上打毬子、念々不停留」と言うものがあります。激しく流れる急流の上に手鞠を投げれば、波に乗って、瞬間的にも止まらないことを言っています。

【解釈】

激しくうねる濁流に逆らえば、水の圧力に耐えかねて、壊れてしまうかもしれません。その場に強引に止まろうとすれば、流れに抗《あらが》うことになり、流れとまともにぶつかることになります。だからむしろ、作為的な抵抗はせず、あるいはじたばたともがかず、流れを掴《つか》んで流れに乗る。そうすれば水とぶつかることがないので、我が身は安泰です。ただ、こうして流れに乗ることは、単に流されることとは違います。人に言われるままに、あるいは利那的な欲望のままに、何も考えずに行動するということではありません。それはリスクマネジメントの欠けた、単なる「楽観主義」です。そうではなく、場を読み、全体を俯瞰し、状況を考慮して、自覚的に流れに乗ります。気づきをもって、今ここでのベクトルを感知し、そのベクトルに逆らうことなく、その指す先へ向かいます。どちらが正しい方向かは誰にもわかりません。しかし少なくとも、流れはタオ（道）に従っています。タオはダルマと言ってもよいです。私（自己）へのこだわりを捨てて、マインドフルな目で流れを読めば、自ずと正しい方向は見えてきます。

第十二部　前後際断

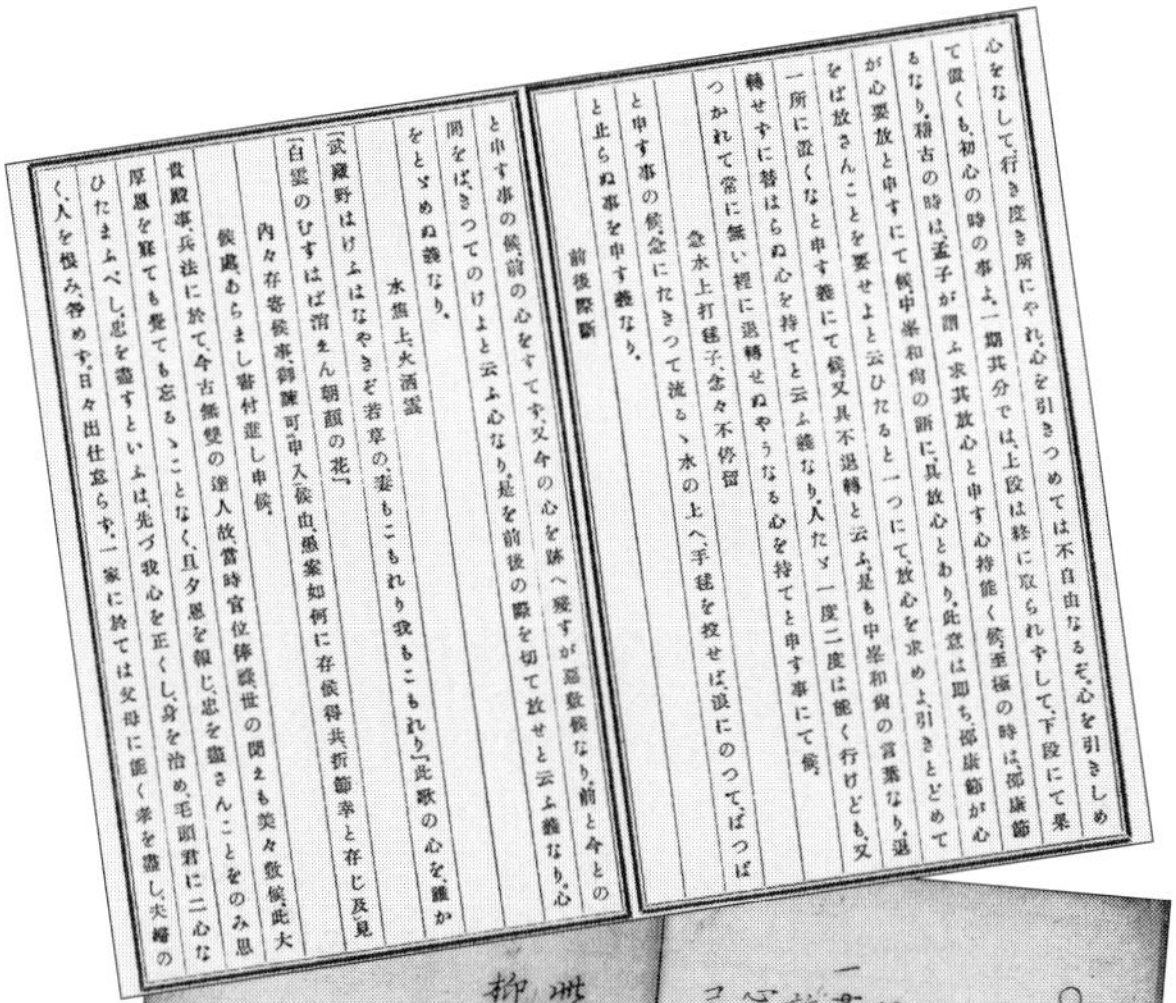
心をなして行き度き所にやれ。心を引きつめては不自由なるぞ。心を引きしめて置くも、初心の時の事よ。一期其分では、上段は終に取られずして、下段にて果るなり。稽古の時は、孟子が謂ふ求其放心と申す心持能く候。至極の時は、邵康節が心要放と申すにて候。中峯和尚の語に、具放心とあり。此意は即ち、邵康節が心をば放さんことを要せよと云ひたると一つにて、放心を求めよ、引きとどめて一所に置くなと申す義にて候。又具不退轉と云ふ、是も中峯和尚の言葉なり。退轉せずに替はらぬ心を持てと云ふ義なり。人たゞ一度二度は能く行けども、又つかれて常に無い程に退轉せぬやうなる心を持てと申す事にて候。

念水上打毬子、念々不停留

と申す事の候。念にたきつて流るゝ水の上へ、手毬を投せば、浪にのつて、ぱつぱと止らぬ事を申す義なり。

前後際斷

と申す事の候。前の心をすてず、又今の心を跡へ殘すが惡敷候なり。前と今との間をばきつてのけよと云ふ心なり。是を前後の際を切て放せと云ふ義なり。心をとゞめぬ義なり。

水焦上火洒雲

「武藏野はけふはなやきぞ若草の、妻もこもれり我もこもれり」此歌の心を、誰か
「白雲のひすはば消えん朝顔の花」

内々存寄候事、御諫可申入候由、愚案如何に存候得共折節幸と存じ及見候處、あらまし書付進し申候。

貴殿事、兵法に於て、今古無雙の達人故、當時官位俸祿、世の聞えも美々敷候。此大厚恩を寢ても覺ても忘るゝことなく、旦夕恩を報じ、忠を盡さんことをのみ思ひたまふべし。忠を盡すといふは、先づ我心を正くし、身を治め、毛頭君に二心なく、人を恨み咎めず、日々出仕怠らず、一家に於ては父母に能く孝を盡し、夫婦の

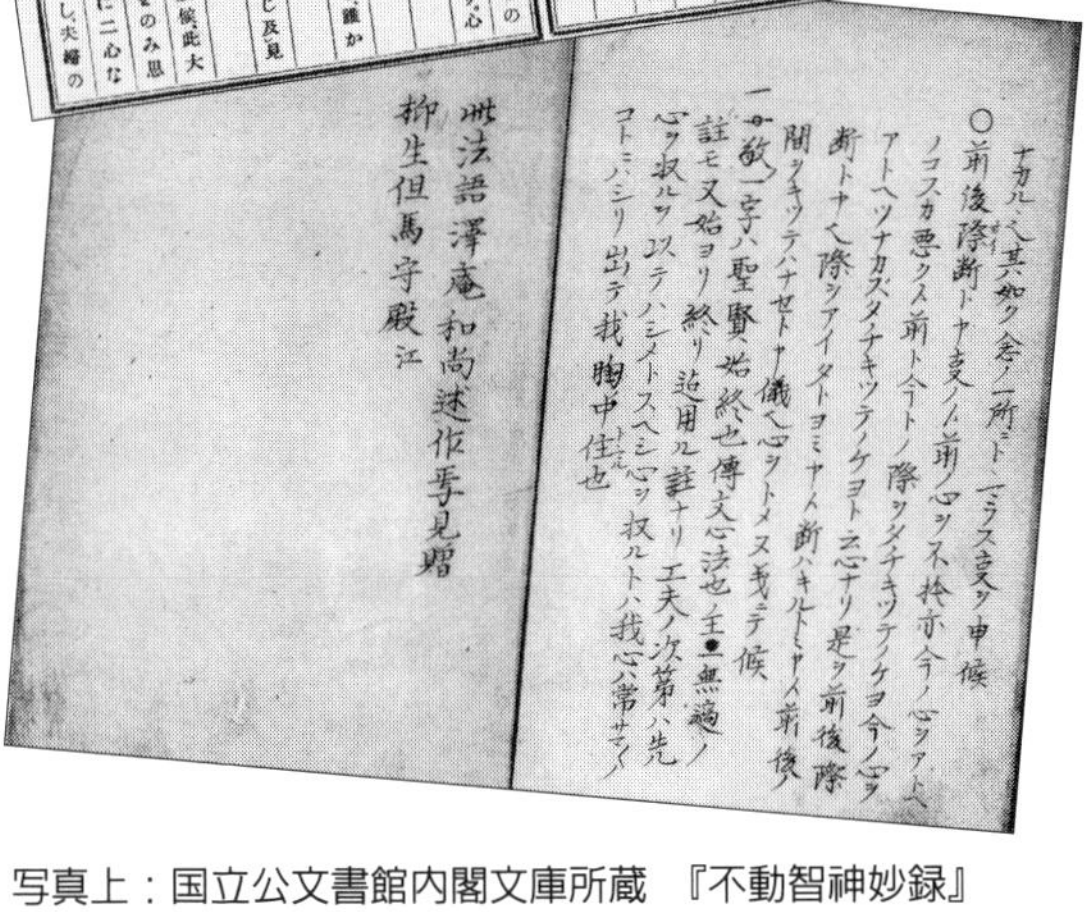
ナカル、人其如ク念ノ一所ニトヽマラヌコトヲ申候
○前後際断ト申スハ前ノ心ヲ不捨亦今ノ心ヲアトヘ
ノコスカ悪クス前ト今トノ際ヲタチキツテノケヨ今ノ心ヲ
アトヘツナカズタチキツテノケヨト云心ナリ是ヲ前後際
断トナヘ際ヲアイタトヨミナス断ハキルトヨミナス前後ノ
間ヲキツテハナセトナリ儀ヘ心ヲトメヌ義ニテ候
一敬ノ一字ハ聖賢ノ始終也傳文心法也主一無適ノ
註モ又始ヨリ終リ迄用ル註ナリ工夫ノ次第ハ先
心ヲ収ルヲ以テハシメトスヘシ心ヲ収ルトハ我心ハ常ナラヌ
コトニハシリ出テ我胸中ニ住也

沢庵和尚法語述作寄見贈
柳生但馬守殿江

写真上：国立公文書館内閣文庫所蔵　『不動智神妙録』
写真下：国会図書館所蔵『不動智』

二十七　過去を捨てよ

【原文】

前後際断《ぜんごさいだん》

と申《もう》す事《こと》の候《そうろう》。前《まえ》の心《こころ》をすてず、又今《またいま》の心《こころ》を跡《あと》へ殘《のこ》すが悪敷候《あしくそうろう》なり。前《まえ》と今《いま》との間《あいだ》をば、きってのけよと云《い》ふ心《こころ》なり。是《これ》を前後《ぜんご》の際《さい》を切《きっ》て放《はな》せと云《い》ふ義《ぎ》なり。心《こころ》をとゞめぬ儀《ぎ》なり。

【現代語訳】

「前後際断」と言うものがあります。前の心を捨てず、また、今の心を後に残すのがよろしくありません。前と今との間を切ってしまいなさい、ということです。これが、前後の際を切り捨てよという意味です。心を止めないという意味です。

【解釈】

我々人間の意識は、さまようようにできています。気がつけば過去のことを「反すう」し、未来のことを「心配」しています。この反すうと心配から離れ、今ここに在《あ》ろうとする。それが禅であり、仏教の核心であるマインドフルネスです。沢庵は、過去に心を止めるな、過去を切って捨てよと唱えます。もちろん、過去の失敗や間違いを一切顧みなくてよい、という意味ではありません。失敗や間違いと正面から向き合い、どうすればそうならないかを思案することは大切です。このとき、思案するなら思案するとして、自覚的に思案するなら良いのです。しかし、我々はつい、気づかぬうちに意識がさまよい、今ここでやるべきことがあるのにもかかわらず、心が勝手に過去の失敗や間違いを延々と悔やみ続けます。未来への心配もまた同様です。心は知らぬ間に過去や未来にとらわれてしまいます。この無意識的な自動性から抜け出し、自覚的に過去と未来を思い、自覚的に現在に在《あ》るようになる。これこそが、仏教における本来の意味での「自由自在」です。

二十八　無常を知れ

水焦上《みずてんをこがし》、火洒雲《ひくもをあらう》

【原文】

「武蔵野《むさしの》はけふはなやきぞ若草《わかくさ》の、妻《つま》もこもれり我《われ》もこもれり」。此歌《このうた》の心《こころ》を、誰《だれ》か「白雲《しらくも》のむすはば消《き》えん朝顔《あさがお》の花《はな》」。

【現代語訳】

水は天を焦がし、火は雲を洗う。「武蔵野は けふはなやきぞ 若草の 妻もこもれり 我もこもれり」というこの歌の心を、誰かが「白雲の むすはば消えん 朝顔の花」と詠みました。

【解釈】

物質はいつか朽ち果て、精神は逐一変化します。物も心も、永遠に同じではありえず、むしろめまぐるしく変わり続けます。自分が置かれている状況が苦しいと、我々はそれが永遠に続くのではないかと懊悩します。客観的には同じ時間でも、主観的には、嫌だと思う時間は長く感じ、楽しいと思う時間は短いと感じます。時間感覚というのは多分に心理的です。だから、苦しい時間はまるで永遠に続くように感じてしまいます。しかし、微視的に見れば、状況は刻々と変わっています。昨日今日の状況はほとんど違いがわからなくても、一年前や五年前とはかなり異なっているはずです。一年前や五年前に、今の変化を予測し得たでしょうか。たとえ頑丈に作られたものでも、十年もすれば色褪《あ》せたり壊れたりします。ましてや心は秒刻み分刻みで変わります。アメリカ心理学の祖ウィリアム・ジェームズは、人間の意識は絶え間なく変化し続けていることを看破しました。たとえば、怒りの感情が沸いたとしても、多くの場合、数秒もすれば冷め始めます。物事への好みも、ある人への思いも、永久不変ではありません。無常を心得ればこそ、今ここに在《あ》ることを味わうことができます。

二十九　正しく生きよ

【原文】

内々存寄候事《ないないぞんじよりそうろうこと》、御諫可二申入一候由《おんいさめもうしいれるべくそうろうよし》、愚案如何《ぐあんいかが》に存候得共《ぞんじそうらえども》、折節幸《おりふしさいわい》と存《ぞん》じ及レ見候處《みおよびそうろうところ》、あらまし書付進《かきつけしん》し申候《もうしそうろう》。

貴殿事《きでんこと》、兵法《へいほう》に於《おい》て、今古無雙《こんこむそう》の達人故《たつじんゆえ》、當時官位俸禄《とうじかんいほうろく》、世《よ》の聞《きこ》えも美々敷《びびしく》候《そうろう》。此大厚恩《このだいこうおん》を寝《ね》ても覺《さめ》ても忘《わす》るゝことなく、旦夕恩《たんせきおん》を報《ほう》じ、忠《ちゆう》を盡《つく》さんことをのみ思《おも》ひたまふべし。忠《ちゆう》を盡《つく》すといふは、先《ま》づ我心《わがこころ》を正《ただし》くし、身《み》を治《おさ》め、毛頭《もうとう》君《くん》に二心《にしん》なく、人《ひと》を恨《うら》み、咎《とが》めず。日々出仕怠《ひびしゆつしおこた》らず。一家《いつか》に於《おい》ては父母《ふぼ》に能《よ》く孝《こう》を盡《つく》し、夫婦《ふうふ》の間少《あいだすこ》しも猥《みだら》になく。禮義正《れいぎただ》しく妾婦《しようふ》を愛《あい》せず。色《いろ》の道《みち》を絶《た》ち。

父《ふ》母《ぼ》の間《あいだ》おごそかに道《みち》を以《もっ》てし。下《しも》を使《つか》ふに、私《わたくし》のへだてなく。善人《ぜんにん》を用《もち》ゐ近付《ちかづ》け。我足《わがた》らざる所《ところ》を諫《いさ》め。御國《おくに》の政《まつりごと》を正敷《ただしく》し。不善人《ふぜんにん》を遠《とお》ざくる様《よう》にするときは、善人《ぜんにん》は日々《ひび》に進《すす》み、不善人《ふぜんにん》もおのづから主人《しゅじん》の善《ぜん》を好《この》む所《ところ》に化《か》せられ、悪《あく》を去《さ》り善《ぜん》に還《かえ》るなり。如レ此君臣上下善人《このごとくくんしんじょうげぜんにん》にして、欲薄《よくうす》く、奢《おごり》を止《や》むる時《とき》は、國《くに》に寳滿《たからみ》ちて、民《たみ》も豊《ゆたか》に治《おさま》り、子《こ》の親《おや》をしたしみ、手足《てあし》の上《うえ》を救《すく》ふが如《ごと》くならば、國《くに》は自《おのずか》ら平《たいらか》に成《な》るべし。是《こ》れ忠《ちゅう》の初《はじめ》なり。

【現代語訳】

内心思っておりましたことを、お諫め申し上げるのが良いと思い、私ごときの考えなど、どれほどのものでもありませんが、ちょうど良い機会と思い、見ていて感じておりましたことを、およそ書いて進ぜます。

貴殿は、その兵法において、古今無双の達人ですので、今は官位、俸禄、世の中の評判もすばらしいものです。この好待遇への感謝を寝ても覚めても忘れることなく、朝夕恩に報い、忠を尽くすことだけを考えるのです。忠を尽くすというのは、まず自分の心を正しくし、身を整え、毛の先ほども主君に背くことなく、人を恨んだり咎めたりしないことです。日々の勤めを怠らないことです。家庭では父母にしっかり孝行を尽くし、夫婦の間でも猥らにならずに礼儀正しく、妾を愛でたり色の道に走ったりせず、親としては威厳を持って人の道に従い、下の者を使うときには私情から分け隔てすることなく、善人を重用してそばに置いて、自分の足らないところを自ら諫め、国の政治を正しくし、悪人を遠ざけるようにすれば、善人は日々活躍し、悪人も自然と主人が善を好むことに影響されて、悪が消えて善になります。このように、君主と臣下すべてが善人となって、欲が減り、奢りがなくなるとき、国は富み、民も豊かになり、子どもは親になつき、下の者が手足となって上の者のために働くようになれば、国は自然に平和となるでしょう。これが忠の次第です。

【解釈】

私利私欲で動く人に、人はついていきません。あたかも人のためを装って自分のために策を弄する人は、得てして人望がありません。騙される人もいますが、大概、裏の考えや底の浅さが透けて見えるから、信用を得られません。だから沢庵は、日々の仕事を真摯に行い、家族と誠実に向き合うところから始まり、善なる人として生きよと説きます。そうすれば、自ずと周りも善なる人となり、やがて皆が協力し合う平和な世界になります。これは何も、上に立つ者だけの心得ではありません。人は生きている限り、私と私を取り巻く世界で成り立っています。その私が善なる人として、私利私欲を捨てて、持ち分の仕事を正しくこなし、周りの人と正しく接すれば、やがて私を取り巻く世界は平和になります。我々人間は、一人一人は個で生きていますが、集団として互いに協力し合う「互恵性」を進化的に獲得してきました。確かにそのなかで一定数、自分だけ得をしようとする利己的な人、すなわち「フリーライダー」は存在します。しかし、その利己的な人は、おそらく真に幸せではないでしょう。

三十　善に従え

【原文】

この金鐵《きんてつ》の二心《にしん》なき兵《へい》を、以下様々《いかさまざま》の御時御用《おんときごよう》に立《た》てたらば、千萬人《せんまんにん》を遣《つか》ふとも心《こころ》のまゝなるべし。則《すなわ》ち先《さき》に云《い》ふ所《ところ》の、千手觀音《せんじゆかんのん》の一心正《いつしんただ》しければ、千《せん》の手皆用《てみなよう》に立《た》つが如《ごと》く、貴殿《きでん》の兵術《へいじゆつ》の心正《こころただ》しければ、一心《いつしん》の働《はたらき》自在《じざい》にして、數千人《すうせんにん》の敵《てき》をも一劔《いつけん》に隨《したが》へるが如《ごと》し。是《こ》れ大忠《だいちゆう》にあらずや。其心正《そのこころただ》しき時《とき》は、外《そと》より人《ひと》の知《し》る事《こと》もあらず。一念發《いちねんはつ》する所《ところ》に善《ぜん》と惡《あく》との二《ふた》つあり。其善惡二《そのぜんあくふた》つの本《もと》を考《かんが》へて、善《ぜん》をなし惡《あく》をせざれば、心自《こころおのずか》ら正直《しようじき》なり。惡《あく》と知《し》り止《や》めざるは、我好《わがこの》む所《ところ》の痛《いたみ》あるゆゑなり。或《あるい》は色《いろ》を好《この》むか、奢氣隨《おごりきずい》にするか、いかさま心《こころ》に好《この》む所《ところ》の働《はたら》きある故《ゆえ》に、善人《ぜんにん》ありとも我氣《われき》に合《あ》はざれば善事《ぜんじ》を用《もち》ひず。無智《むち》なれども、一旦我氣《いったんわがき》に合《あ》へば登《のぼ》し用《もち》ひ、好《この》むゆゑに、善人《ぜんにん》はありても用《もち》ゐざれば、無《な》きが如《ごと》し。然《しか》れば幾千人《いくせんにん》ありとても、自然《しぜん》の時《とき》、主人《しゅじん》の用《よう》に立《た》つ物《もの》は一人《ひとり》も不レ可レ有レ之《これあるべからず》。彼《か》の一旦氣《いったんき》に入《い》りたる無智若輩《むちじゃくはい》の惡人《あくにん》は、元《もと》より心正《こころただ》しからざる者故《ものゆえ》、事《こと》に臨《のぞ》んで一命《いちめい》を捨《す》てんと思《おも》ふ事《こと》、努々不レ可レ有《ゆめゆめあるべからず》。心正《こころただ》しからざるもの丶、主《あるじ》の用《よう》に立《たち》たる事《こと》は、往若《おうじゃく》より不二承及一《うけたまわりおよばざる》ところなり。

【現代語訳】

こうした鉄のように忠実な兵を、さまざまなときにお役立てなされるようならば、千万人を使うとしても思いのままとなるでしょう。つまり、先に言いましたところの、千手観音の心が正しければ、千の手がすべて役に立つように、貴殿の兵術の心が正しければ、心は自在に働いて、数千人の敵をも刀一本で従えるようなものです。これこそ大いなる忠でありませんか。その心が正しいかどうかは、外から人が見てわかるものではありません。何かしようと思い立つところには善と悪との二つがあり、その善悪二つの大本を考えて、善をなし悪をなさなければ、心は自然と正しく素直になります。悪とわかっていて止めないのは、自分がそれを好んでいる病気のせいです。あるいは、好色なのか、奢って気ままにするか、いかさまを好んで行おうとするために、善人がいても気が合わなければ、その善人のなすことを取り上げないのです。逆に無智な人でも、いったん気が合えば登用して寵愛するので、善人がいるのに登用しないから、いないも同然です。ですので数千人の兵がいたとしても、万一のとき、主君の役に立つ者は一人もいるはずがありません。例の、いったん気に入られた無智な若い悪人は、もともと心が正しくない者ですから、大事に臨む際に命を賭けようと思うことなど、決してありえないでしょう。心の正しくない者が主君の役に立ったという話は、昔から聞いたことがございません。

【解釈】

善なる人には善なる人が集まり、悪なる人には悪なる人が集まります。ある人を好み慕う人は、その人に似てきます。それが善であれば善であり、悪であれば悪です。沢庵は、悪は悪を徴用するから、物事は結果的にうまくいかないと説きます。子は親に似ます。それは、親の価値観や行動を正しいものとして「内面化」するからです。その価値観や行動が、社会的に見て悪であれば、その子は社会的には悪となります。同じように弟子は師匠に似るし、部下は上司に似ます。子は親を選べませんが、縁や運もあれど、師匠や上司は選ぶ余地があります。だから芸道の世界ではよく、「良師は三年かけて探せ」と言われます。価値観や行動、思想や術は、誰に教わるかに大きく依存します。親は当然のことながら、導く者としての師匠や上司の責任は大きいでしょう。運の悪いことに、付いた師匠や上司が善なる人でないと気づいたら、できるだけ悪に染まらず、いつか導く番になったときに、自ら善なる人として人を導くことです。

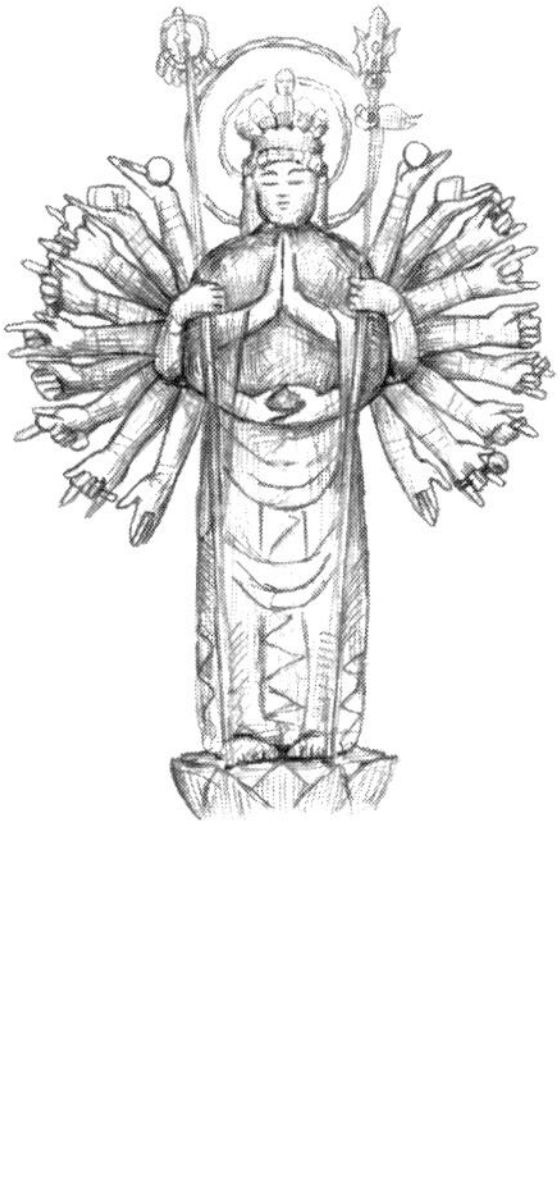

三十一　悪に陥るな

【原文】

貴殿《きでん》の弟子《でし》を御取立《おとりた》て被レ成《なられる》にも箇様《かよう》の事有レ之由《ことこれあるよし》、苦々敷存《にがにがしくぞん》じ候《そうろう》。是《こ》れ皆一片《みないっぺん》の敷奇好《すきこの》む所《ところ》より、其病《そのやまい》にひかれ、惡《あく》に落入《おちい》るを知《し》らざるなり。人《ひと》は知《し》らぬと思《おも》へども、微《かすか》より明《あきら》かなるなしとて、我心《わがこころ》に知《し》れば、天地鬼神萬民《てんちきしんばんみん》も知《し》るなり。如レ是《かくのごとく》して國《くに》を保《たも》つ、誠《まこと》に危《あやう》き事《こと》にあらずや。然《しか》らば大不忠《だいふちゅう》なりとこそ存《ぞん》じ候《そうら》へ。

たとへば我一人《われひとり》、いかに矢猛《やたけ》に主人《しゅじん》に忠《ちゅう》を盡《つく》さんと思《おも》ふとも、一家《いっか》の人和《ひとわ》せず、柳生谷一郷《やぎゅうだにいちごう》の民背《たみそむ》きなば、何事《なにごと》も皆相違仕《みなそういつかまつ》るべし。總《すべ》て人《ひと》の善《よ》し惡《あ》しきを知《し》らんと思《おも》はゞ、其愛《そのあい》し用《もち》ゐらるゝ臣下《しんか》、又《また》は親《したし》み交《まじわ》る友達《ともだち》を以《もっ》て知《し》ると云《い》へり。主《しゅ》人善《じんぜん》なれば其近臣皆善人《そのきんしんみなぜんにん》なり。主人正《しゅじんただ》しからざれば、臣下友達皆正《しんかともだちみなただ》しからず。然《しか》らば諸人《しょにん》みななみし、隣國是《りんごくこれ》を侮《あなど》るなり。善《ぜん》なるときは、諸人親《しょにんしたし》むとは此等《これら》の事《こと》なり。國《くに》は善人《ぜんにん》を以《もっ》て寶《たから》とすと云《い》へり。よく〱御體認《ごたいにん》なさるべし。

【現代語訳】

貴殿の弟子をお取り立てになるときにも、このようなことがあるそうで、心苦しく思います。これは誰もが少し風変わりなものを好むところがあり、その病に惹かれて悪に陥ってしまうことを知らないからです。他人にはわからないと思っても、ちょっとしたことで明らかになってしまうもので、自分でわかっているのだから、天地も鬼神も万民も知っているのです。このようなことで国を維持するのは、本当に危ういことではありませんか。これでは大いなる不忠であるとお思いください。たとえば、自分一人がいかに一生懸命主君に忠を尽くそうと思っても、家族が不和だったり、柳生谷の村人が背いたりしたら、何事も全部食い違ってしまいますでしょう。人の善し悪しをすっかり知ろうと思ったら、その人が寵愛し登用する臣下や、親しく付き合っている友人を見ればわかると言えます。主君が善人ならば、その近臣はすべて善人です。主君が正しくなければ、臣下や友人も皆正しくありません。そうなると、人民すべて主君を蔑み、隣国はこれを侮ります。善であれば人民が主君に親しむとはこのことです。国は善人を宝とせよと言います。よくよく身をもってご理解ください。

【解釈】

自分の利益を第一に優先にするような人に、人は集まりません。集まっているとしても、その人たちはいずれも、自分に利益があるから集まっているのです。だから沢庵は、部下や友人を見ればその人となりがわかると言います。孤高の人という場合はあります。その人はただ一人でいることを良しとし、自ら人と交わらないだけです。誰にも迷惑をかけず、自分の欲得のみに正直に生きる。これはまったく悪ではありません。悪とは、他者が損することを見越して、あるいは他者の犠牲のもとに、自分の利益を第一に追求することです。心理学において、こうした他者操作的で搾取的な特性は「マキャベリズム」と呼ばれ、いわゆる「ナルシシズム」や「サイコパシー」にも共通した特性と言われています。損得という観点で言えば、損することこそ悟りだと、昭和の禅僧・澤木興道師は言っています。損得という基準を超えて、立場や状況を受け入れられる人はすでに仏です。人の嫌がることを甘んじて受け容れられる人は、誰よりもタオ（道）

に近いでしょう。人間誰しも、自分だけ得をしたくなる気持ちは否めません。だからあえて損しようとする必要はありませんが、自ら得をしようとはせず、損もまた仕方がないと思えれば、その人はもうすでに悟っています。

三十二　奢るべからず

【原文】

人《ひと》の知《し》る所《ところ》に於《おい》て、私《わたくし》の不義《ふぎ》を去《さ》り、小人《しょうじん》を遠《とおざ》け、賢《けん》を好《この》む事《こと》を、急《きゅう》に成《な》され候《そうろ》はば、いよ／＼國《くに》の政《まつりごと》正《ただ》しく、御忠臣第一《ごちゅうしんだいいち》たるべく候《そうろう》。就中《なかんづく》御賢息御行跡《ごけんそくごぎょうせき》之事《のこと》、親《おや》の身《み》正《ただ》しからずして、子《こ》の悪《あ》しきを責《せ》むることと逆《ぎゃく》なり。先《ま》づ貴殿《きでん》の身《み》を正《ただ》しく成《な》され、其上《そのうえ》にて御異見《ごいけん》も成《な》され候《そうら》はば、自《おのずか》ら正《ただ》しくなり、御舎弟内膳殿《ごしゃていないぜんどの》も、兄《あに》の行跡《ぎょうせき》にならひ、正《ただ》しかるべければ、父子《おやこ》ともに善人《ぜんにん》となり、目出度《めでた》かるべし。取《と》ると捨《す》つるとは、義《ぎ》を以《もっ》てすると云《い》へり。唯今寵臣《ただいまちょうしん》たるにより、諸大名《しょだいみょう》より賄《まいない》を厚《あつ》くし、欲《よく》に義《ぎ》を忘《わす》れ候事《そうろうこと》、努々不レ可レ有候《ゆめゆめあるべからずそうろう》。貴殿乱舞《きでんらんぶ》を好《この》み、自《じ》身《しん》の能《のう》に奢《おご》り、諸大名衆《しょだいみょうしゅう》へ押《おし》て参《まい》られ、能《のう》を觀《すす》められ候事《そうろうこそ》、偏《ひとえ》に病《やまい》と存《ぞん》じ候《そうろう》なり。上《かみ》の唱《しょう》は猿楽《さるがく》の様《よう》に申《もう》し候由《そうろうよし》。また挨拶《あいさつ》のよき大名《だいみょう》をば、御前《ごぜん》に於《おい》てもつよく御取成《おとりな》しなさるゝ由《よし》、重《かさ》ねて能《よ》く〳〵御思案可ㇾ然歟《ごしあんしかるべきか》。歌《うた》に「心《こころ》こそ心迷《こころまよ》はす心《こころ》なれ、心《こころ》に心《こころ》心《こころ》ゆるすな」。

【現代語訳】

人にわかるように、自身の不義をなくし、悪人を遠ざけ、賢人を好んで登用することをきちんと行えば、いっそう国の政治は正しくなり、一番の忠臣となるにちがいありません。とりわけ、ご子息の行状のことですが、親の品行が正しくないのに、子の悪いところを責めるのは逆です。まず貴殿の品行を正しくなさって、そのうえでご意見されれば、自然と正しくなり、弟の内膳殿も、兄の行状に習って正しくなるでしょうから、父子ともに善人となり、めでたいことでしょう。取り立てるか取り立てないかの区別は義による、と言います。今、貴殿は主君に寵愛を受ける臣ですので、諸大名から賄賂をたくさんもらって、欲にくらんで義を忘れることなど、決してあってはなりません。貴殿は乱舞がお好きで、ご自身の能を自慢して、諸大名のところに押しかけていって、能を勧めるというのは、まったく病気だと思います。帝《みかど》の謡を猿楽のようだとおっしゃったとか。また、返事の良い大名を主君の前でよく取り立てなされるとか。重々よくよくお考えなさるのが良いのではないでしょうか。歌にも、「心こそ 心迷はす 心なれ 心に心 心ゆるすな」とございます。

【解釈】

慢心や奢りは禁物です。私がどう思われているかに気が回らない人、つまり「セルフモニタリング」できない人は、人の上には立てません。自らの行いを省みてはじめて、善なる行いを心がけられるのです。善なる行いとはつまり、利他的な行いであり、それが互恵的な社会を生みます。互恵的な社会は健全であり、持続します。逆に、利己的な個の集団に平和はありません。互いに利益が伴っているうちは良いですが、そうでなければ即座に空中分解します。金の切れ目が縁の切れ目とはこのことです。私という個を、マインドフルに距離を置いて客観視します。慢心や奢りがないかを常に見極め、他者のためにあえて損を受け入れます。損得を含むあらゆる価値から逃れ、究極的には、私という一点にさえ心を止めません。つまり、私（自己）への執着を捨て切ることです。そうして私へのこだわりを捨てた行為こそが本当の善であり、そういう善なる人に、人はついていきます。善なる人についていく人もまた善なる人となります。つまりその社会はまるごと、一切の曇りなく善となります。

あとがき

私はこれまで、「武道とは禅である」ということを、著書や小論で述べてきました。近代以降に競技化（スポーツ化）してしまった武道、あるいはスポーツとして競技中心に稽古している人にとっての武道は、もはや定義的に「武道」ではないということを、繰り返し書いてきました。

なぜなら、本来「武道」とは、勝敗や優劣などのあらゆる価値や評価から解き放たれることを究極的には目指しているからです。一方、「スポーツ」の本質は、勝敗（優劣）を決する競い合いにあります。そのように競技として勝敗（優劣）にこだわる限り、それはいつまでも「スポーツ」であり、本来の意味での「武道」ではありません。このことは、私がしつこく述べるまでもなく、沢庵の『不動智神妙録』を読めば、武道とはまさしく禅であることがはっきりと分かります。

◆

私は、十数年前に「マインドフルネス」という概念に出会うことで、自身が稽古している武道（空手）が禅であることを理解することができました。それは、坐禅での取り組み（営み）と武道稽古での取り組み（営み）が、本質的にはまったく同じであるからです。両者とも、今ここの呼吸と身体への集中と観察をただひたすら続けることがすべてです。それが仏教の核心の一つであるマインドフルネスの実践的営みです。坐禅はただひたすら坐り、一方、武道は動きますが、坐るか動くかの違いだけで、今ここの呼吸と身体への集中と観察という点ではいずれも全く一致しています。こうした営みを通して、心の中に沸き起こる思考や感情など、あらゆる価値や評価から離れ、過去や未来へのとらわれから逃れ、究極的にはとらわれの根本にある「自己（私、我）」をも手放していきます。

◆

沢庵は『不動智神妙録』の中で、とにかく何か一つのことにとらわれないことを、繰り返し説きます。何かにとらわれてしまっては、自由自在に動けません。その何かとは、現代社会においては具体的な何か、たとえば人間関係だったり仕事だったり学業だったりします。もちろん、人間関係も仕事も学業もすべて大切ですから、とらわれるのは自然なことです。ただ、すでに起こってしまったことだとか、まだ起きてもいないことに心を悩ませ続けることは、場合によっては無益であり、さらには、今ここでやるべきことへ集中することを妨げ、仕事や学業ならそのパフォーマンスを低下させます。また、あれこれ考えすぎれば誤解や曲解を生むかもしれず、そうなればやがて人間関係も悪化します。だから沢庵は、一つのことにとらわれすぎるな、と説くわけです。応じるけれどもとらわれてはいけません。

こうして、沢庵の『不動智神妙録』は、単なる兵法書・武道伝書に留まらず、仏教書として誰にとっても意味のある、生き方の指南書となっています。仏教あるいは禅とはいわば、一つのライフスタイルの提案であり、世界に対する異なる見方や日常生活における困難への対処の仕方、つまり一つの「人生哲学」を提供しています。『不動智神妙録』が広く一般に好まれるのは、そうした仏教の極意を身体術である剣術（武術）で説いている点にあります。

◆

『不動智神妙録』は、沢庵が柳生宗矩に向けて、剣術を例にして禅を説いた仏教書です。剣術の極意と禅の極意は詰まるところ同じであり、だからこそ剣術が禅の例として成立し得ます。これが「剣禅一致」「剣禅一如」たる所以です。私は、武道稽古の営みが坐禅（あるいは仏教におけるマインドフルネス瞑想全般）と同じであることから、「武道は禅である」と各所で述べてきました。一方、沢庵が説くところでは、術としての武の極み（達人の域）こそ禅の極み（仏道における悟り）そのものである、ということです。

かくして武道とは、その方法（実践）からしても、また、その極意（本質）からしても、禅そのものです。願わくは、武道をスポーツとみなしてしまっている人のなかからも、本書を読んでその方法と極意に気づき、武道の本来的な姿に立ち戻っていただければうれしく思います。また、武道の指導者がこうした観点を理解し大事にしながら後進の育成にあたることが、我が国の武道文化を発展的に継承していく最善の方法であると信じています。

そして何より、この沢庵の残した禅の教えが、武道に携わる人のみならず、多くの方々の目に止まり耳に入ることで、一人でも、あるいは一瞬でも救われることがあれば、私が本書を執筆した意味があったのではないかと思っています。

◆

最後に、本書の執筆機会を与えていただいた誠信書房の中澤美穂さんには、心から謝意を表します。中澤さんには前著『実践 武術瞑想――集中力と観察力を研ぎ澄ます武術ボディワーク』

でお世話になり、そのご縁もあり、今回もこうして出版まで漕ぎ着けていただきました。中澤さんがいなければ本として形になることはなかったと想像するたびに、仏縁とともに「武縁」に感謝して止みません（何を隠そう、中澤さんも空手を修業中です）。

また、イメージを豊かにしてくれるイラストを随所に添えていただいた生田麻実さんと、素敵なカバーデザインを作っていただいた大倉真一郎さんにも、この場を借りてお礼いたします。ありがとうございました。

読者諸氏をはじめ、みなさまのご多幸をお祈りしつつ、ここに筆を置きたいと思います。

湯川進太郎

令和元年（二〇一九年）八月十五日　終戦記念日

著者紹介

湯川進太郎（ゆかわ　しんたろう）

1971年　愛知県名古屋市生まれ
1994年　早稲田大学第一文学部哲学科心理学専修卒業
1999年　筑波大学大学院博士課程心理学研究科修了
現　在　筑波大学人間系准教授、博士（心理学）、糸東流空手道七段、日本感情心理学会理事長
専　門　身体心理学、感情心理学、東洋思想文化論
主著訳書　『“老子”の兵法』BAB ジャパン 2018年、『実践 武術瞑想』誠信書房 2017年、『空手と太極拳でマインドフルネス』BAB ジャパン 2017年、『水のごとくあれ！』（訳）BAB ジャパン 2015年、『タオ・ストレス低減法』（訳）北大路書房 2014年、『空手と禅』BAB ジャパン 2014年、『怒りの心理学』（編著）有斐閣 2008年、『スポーツ社会心理学』（共監訳）北大路書房 2007年　ほか

本文イラスト――生田麻実（いくた　あさみ）

禅僧沢庵《ぜんそうたくあん》　不動《ふどう》智《ち》神妙録《しんみょうろく》
――身体心理学《しんたいしんりがく》で読《よ》み解《と》く武道的人生哲学《ぶどうてきじんせいてつがく》

2019年 12月 10日　第 1 刷発行

著　者　湯川進太郎
発行者　柴田　敏樹
印刷者　藤森　英夫

発行所　株式会社　誠信書房
〒112-0012東京都文京区大塚 3-20-6
電話 03（3946）5666
http://www.seishinshobo.co.jp/

印刷/製本所　亜細亜印刷(株)
検印省略　落丁・乱丁本はお取り替え致します
ISBN978-4-414-10335-9 C1015　Printed in Japan